EL RENACIMIENTO DE
NATALIA PONCE DE LEÓN

Martha Soto

EL RENACIMIENTO DE
NATALIA PONCE DE LEÓN

Itinerario de una vida que venció a la barbarie

El renacimiento de Natalia Ponce de León
© 2015, Martha Soto
© 2015, Intermedio Editores S.A.S.

Edición, diseño y diagramación
Equipo editorial Intermedio Editores
Diseño de portada
Lisandro Moreno Rojas
Fotos
Archivo particular familia Ponce de León
Foto de portada
Camilo Ponce de León

Intermedio Editores S.A.S.
Av Jiménez No. 6A-29, piso sexto
www.circulodelectores.com.co
www.circulodigital.com.co
Bogotá, Colombia
Primera edición, abril de 2015
Este libro no podrá ser reproducido
sin permiso escrito del editor.

ISBN: 978-958-757-489-0

Impresión y encuadernación:
Panamericana Formas e Impresos S.A.

A B C D E F G H I J
Impreso en Colombia - *Printed in Colombia*

CONTENIDO

Muerte y resurrección 9

La sombra 59

La deuda 95

Los ángeles 109

Supervivencia 145

Arma letal 159

Muerte y resurrección

Algunos jirones de la piel de Natalia Ponce de León fueron encontrados por su hermano Camilo en el piso de la casa, mezclados con sangre y con un líquido negro, de apariencia viscosa y de olor nauseabundo. Hacía unos minutos, un litro de ácido sulfúrico en su estado más puro le había sido lanzado empapándole su cara, labios, dorso de la lengua, párpados, oído izquierdo, antebrazos, abdomen, cadera y piernas. Varias gotas alcanzaron a entrar en su garganta, inflamándola y dificultándole la respiración.

El ataque se produjo hacia las cinco y veinte de la tarde del jueves 27 de marzo de 2014 y cuando Natalia ingresó a la Clínica Reina Sofía de Bogotá, a las seis y dieciocho, el agente químico ya la estaba dejando ciega y seguía carcomiéndole el cuerpo, que empezó a tornarse gris y a presentar una especie de descamación.

Según registros internos, el médico de turno, Giovanny García, dio la orden de que fuera trasladada a una ducha en donde le retiraron la ropa y, por dos horas, la sometieron a un lavado directo con agua fría. Además, se le dio aviso al doctor Mejía, el cirujano plástico de la clínica, para que la valorara y atendiera. A pesar de que sus signos vitales estaban estables, necesitaban canalizarle la vena de inmediato para suministrarle medicamentos. Pero el procedimiento fue imposible porque por sus antebrazos también había escurrido parte del agente químico y presentaban quemaduras severas. Tuvieron que instalarle un catéter de emergencia y solo hasta ese momento le comenzaron a dar analgésicos y aporte hídrico por sus venas. Cuatro miligramos de morfina empezaron a entrar en su cuerpo, gota a gota, para adormecerla un poco y calmar el dolor y ardor progresivos que le causaba el ácido. De hecho, le autorizaron una dosis de rescate (emergencia) de dos miligramos adicionales por si la primera no era suficiente.

Juan Carlos, su hermano mayor (de 36 años), llegó a la clínica minutos más tarde absolutamente desencajado. La ubicó en segundos entre los pacientes y se saltó a la fuerza todos los controles para estar a su lado. Incluso, alcanzó a entrar a la ducha en la que intentaban retirarle el ácido y ambos empezaron a llorar desconsoladamente sin poder siquiera abrazarse. Natalia estaba adolorida, agitada, desconcertada.

> Me enloquecí cuando supe que la habían quemado –recuerda Juan Carlos–. Pensé mil cosas en ese instante. Creí que un viejo trabajador, al que denunciamos por robarse un dinero, era el agresor y que el resto de la familia estaba en riesgo. La miré y estaba ansiosa, temblaba y se empezó a poner verde mientras yo me derrumbaba.

El estado de Natalia era tan grave que se tomó la decisión de gestionar su remisión al Hospital Simón Bolívar de Bogotá para que recibiera atención especializada en quemaduras con ese nivel de agresión. Además, se le pidió al oftalmólogo de la Reina Sofía, el doctor Ucrós, que se encargara de valorar sus ojos, que se apagaban lentamente y se cerraban por una descomunal inflamación. Ucrós dictaminó que sus córneas estaban comprometidas, especialmente la derecha, y que necesitaba atención tanto intraocular como en la región de los párpados –donde se encuentra la piel más delgada y delicada del cuerpo–, que se le consumían frente al equipo médico.

Avanzada la noche, las lesiones de su rostro, brazos, abdomen y muslos fueron cubiertas con vaselina y algodón, y vendadas con gasas furacinadas (especiales para las quemaduras), para evitar infecciones. Y para tratar de salvar sus ojos, estos fueron sometidos a un lavado ocular y a la aplicación de Terramicina. Pero la inflamación, que aumentaba cada segundo, dificultaba el procedimiento que los médicos alternaban con la aplicación de solución salina, en un intento por evacuar el ácido.

La pashmina negra que Natalia llevaba enrollada en el cuello, un préstamo de su prima Ángela, evitó que las quemaduras fueran peores. Sin embargo, ese día, Natalia Ponce de León Gutiérrez de Piñeres, de 33 años de edad, entró a las estadísticas oficiales y a la memoria colectiva de los colombianos como la persona que ha sufrido el ataque más agresivo con ácido en la historia reciente del país. Además, la de mayor afectación corporal, con una tercera parte de su cuerpo quemado, frente a un promedio de 7,4 por ciento.

Ese jueves soleado y tranquilo cayó una sombra sobre los Ponce de León quienes, poco antes de las seis de la tarde, fueron notificados de lo que había sucedido. Inicialmente creyeron que le habían quemado un brazo para robarla a la entrada del apartamento, pero cuando la buscaron afanosamente por una rendija de la puerta de la sala de reanimación, se dieron cuenta de la magnitud de lo ocurrido.

Sus hermanos estaban desesperados: Camilo fumaba y caminaba mientras Juan Carlos maldecía. Y el resto de la familia no sabía qué hacer, no se ubicaban en ningún rincón de la clínica, los nervios y la impotencia poco a poco aumentaban. Preguntaban si podían entrar a verla, pero los médicos les advirtieron que el riesgo de infección era muy alto.

> No me imaginaba la gravedad de la situación hasta que pasé por la habitación en la que la tenían y, en una fracción de segundos, la vi. Tenía sus manitas y su cara vendadas y empecé a entender lo que le había pasado, lo que nos había pasado a todos (…) Mis papás y mi hermano Sergio empezaron a hacer los trámites para que una ambulancia medicada la trasladara lo más rápidamente posible al Hospital Simón Bolívar. Pero el tiempo pasaba y nadie daba razón del traslado. Hacia las ocho de la noche, las cosas empeoraron. Su prima María Camila se nos acercó y nos dijo que tenía que comentarnos algo muy delicado y nos pidió hablar en un rincón: «Acabo de escuchar que Natalia ya perdió el ojo derecho», nos dijo. En ese momento todos nos partimos en dos y empezamos a llorar. Ya habían pasado casi cuatro horas desde el ataque y la ambulancia que se solicitó para que la trasladara no aparecía.

Así narra Daniel Arenas Samudio, exnovio de Natalia, las primeras horas de angustiosa espera.

Ella permanecía en el área de reanimación en donde se ordenó su aislamiento. Para ese momento, pedía que la dejaran morir. Afuera, su familia, amigos y allegados conocieron un primer parte médico y se empezaron a enterar del horror al que había sido sometida la niña consentida de la familia Ponce de León –su núcleo–, quien hacía tan solo algunos años había rechazado una propuesta matrimonial y otra más de un concurso de belleza internacional.

«Paciente con quemaduras grado II y III en aproximadamente el 35 por ciento del área de superficie corporal total (…) con compromiso en la cara y labios, tórax, hombro y lesiones extensas en la cara externa de ambos brazos, antebrazos, manos, dedos y muslos (…) Además, compromiso de ambas córneas», decía el informe médico.

Cerca de cuarenta familiares, amigos y allegados a los Ponce de León copaban la sala de urgencias y los alrededores de la Reina Sofía, e hicieron calle de… dolor cuando la niña salió remitida al Simón Bolívar. Algunos guardaron silencio pero otros le tocaron las manos y le lanzaron frases de apoyo, dando por hecho que ya iba ciega. «Te queremos y aquí estamos», le gritaron sus amigos, mientras la veían pasar con una sábana sobre todo el cuerpo, como se hace con los cadáveres. Aunque Natalia pidió que no la trataran como un muerto, una enfermera insistió en que era mejor para que la familia no se impresionara al verla salir en el estado crítico en el que se encontraba.

Los Arenas Samudio dieron aviso a la Policía y empezaron a insistir en que era necesario buscar asesoría legal.

«Si me quedo ciega, no sigo, no puedo, me suicido», pensaba Natalia y así se lo alcanzó a decir a su mamá, Julia Gutiérrez de Piñeres, antes de llegar a urgencias.

Para no agravar aún más la situación, Julia no decía nada, pero se sentía mal física y anímicamente. Ella fue la única que vio a Natalia segundos después de la agresión y pudo darse cuenta de los alcances del ataque y de cómo su hija se quemaba frente a sus ojos. Ver cómo se le desintegraba la cara le estaba volviendo trizas el corazón, le faltaba el aire y ya no podía mantenerse en pie. Los gritos de dolor de Natalia cuando el líquido empezó a quemarla, aterrorizaron a Julia y solo recuerda que la vio entrar corriendo a la ducha, le ayudó a poner una sudadera y se fue con unos vecinos que se ofrecieron a llevarlas a la Reina Sofía. Julia temblaba pero, como pudo, empezó a llamar a sus hijos y a otros miembros de su familia para que las ayudaran.

Cinco minutos antes de las once de la noche de ese 27 de marzo, Natalia finalmente ingresó al Hospital Simón Bolívar, acompañada de su hermano Camilo, y de inmediato los médicos especialistas activaron el código rojo de urgencias para darle prioridad a su caso. Pero ya habían pasado cinco horas y cuarenta minutos después del ataque.

«Solo recuerdo que veía luces de neón, que sentía mucho frío y ardor, que todo olía a isodine y que preguntaba dónde estaba mi mamá», dice Natalia.

Para no alterar aún más su estado le habían ocultado que Julia había tenido que regresar a la Reina Sofía porque le informaron que estaba en medio de un infarto. Desde que llegó a la clínica se le dificultaba respirar, estaba descontrolada y repetía una y otra vez la misma frase: «Cómo le pudieron hacer esto a mi niña, le quitaron toda su carita». Su hijo Camilo tuvo que congelar durante un par de minutos la angustia y desesperación que sentía, para hacer fila y comprar el bono que le exigía la Reina Sofía como requisito previo para valorar de urgencias a su mamá.

> Mientras le tomaban un electrocardiograma, informamos que mi mamá es oxigenodependiente, por un problema en sus pulmones. Nos dieron una pipeta de oxígeno pero luego nos dimos cuenta que estaba completamente vacía (…). Aún así, mi mamá se fue detrás de la ambulancia en la que íbamos con Natalia, y cuando estaba a punto de llegar al Simón Bolívar, la llamaron al celular y le dijeron que los resultados del examen indicaban que iba infartada y que debía regresar de inmediato a la Reina Sofía —asegura Camilo, de 31 años, fotógrafo profesional—.

Aparentando estar fuerte, Julia dejó a Juan Carlos en el Simón Bolívar, para que acompañara a su niña y, después de dudarlo durante varios minutos, decidió regresar sola a la clínica. Así lo recuerda ella:

«Dios ilumíname. Si me muero, quién va a cuidar a mi Natalia», pensaba. Llegué a la Reina Sofía y me dijeron que ya habían pedido la ambulancia para remitirme al Hospital Cardioinfantil. Pero tuve que esperar tres horas para que llegara el carro y resultó ser el mismo que acaba de llevar a mi hija, totalmente quemada, al otro lado de la ciudad.

Alejandro Gutiérrez de Piñeres, tío de Natalia y psicólogo médico, se enteró por su hija Juliana del ataque y de inmediato alistó maletas para viajar a Bogotá para apoyar a la familia.

Me tardé unos segundos en reaccionar. Primero sentí como si me hubiera quedado totalmente vacío, nada me pasaba por la cabeza. Luego pensé qué tan grave podía ser el ataque, qué se podía hacer y busqué un pasaje para viajar Cartagena-Bogotá, para apoyarla, para verla. No había nada disponible en ninguna aerolínea y tuve que desplazarme por tierra hasta Barranquilla para volar el viernes a primera hora. Cuando llegué, me encontré con mi hermana Marina y decidimos con la familia que nosotros acompañaríamos y apoyaríamos a Julia y cuando se recuperara de su infarto nos uniríamos a todos en el Simón Bolívar para estar con Natalia.

Natalia y su hermano Camilo ingresaron al Simón Bolívar por la puerta de urgencias, cercana a la morgue.

Ella me estiraba la mano para que se la tomara, pero me daba miedo lastimarla. Me decía que tenía sed pero yo no podía hacer nada. Parecía una momia. Las vendas la cubrían por completo y solo se le veían los labios que estaban muy inflamados y morados. A pesar de eso, me lanzó una frase como pudo: «Qué tal lo que me hizo ese hp» (…). Luego de llenar papeles y de responder algunas preguntas, ingresé por equivocación al lugar en donde le estaban quitando las vendas y la vi desnuda, totalmente verde, acostada sobre un mesón de metal. Me asusté y les dije: «¡¿Qué le van a hacer a mi hermana?!». Los médicos me informaron que tenían que afeitarle la cabeza porque corría un alto riesgo de infección y que luego le iban a remover el ácido que seguía penetrando en su cuerpo. No quería que le quitaran su pelo largo pero no había nada que hacer. Para ese momento, el frío del ambiente se me estaba pasando al alma y estaba destrozado. Tomé mi celular y busqué en internet «quemaduras por ácido» y sentí miedo de lo que veía. Estaba aturdido, entraba y salía sin saber qué hacer y qué era lo que se nos venía encima. Luego, Juan Carlos me avisó lo del ataque cardiaco de mi mamá y yo solo pensé: «Por favor, que venga alguien y me meta un tiro». Sentía horror por dentro, no sé cómo me mantenía de pie —recuerda Camilo—.

Guillermo Ponce de León, padre de Natalia, venía detrás de la ambulancia muy alterado y llegó en compañía de la familia Arenas Samudio, pero el guardia de urgencias se negó a dejarlos pasar. Sandra Samudio optó por tratar de ingresar por la puerta principal. Dijo que era la tía de la niña que acababa de ser remitida con quemaduras de ácido y obtuvo un permiso transitorio para que les permitieran pasar por unos cuantos minutos. El padre de Natalia

ubicó a su hija rápidamente por los laberintos del Simón Bolívar y la vio por unos segundos: «Estaba totalmente vendada. Solo se le veían los labios, muy gruesos, color costra. Yo no sabía qué pensar. Me dijo: "Papi, mira cómo me volvió ese tipo"».

Natalia fue totalmente rapada y metida de nuevo a una ducha fría para evitar que el agente químico siguiera avanzando y comprometiera sus músculos y órganos vitales. También se le aplicó jabón abundante, para neutralizar el ácido, y se vigiló la temperatura del agua para que no entrara en hipotermia. El Simón Bolívar tiene un estricto protocolo para este tipo de casos –que se ha intentado replicar en los demás hospitales del país– y esa noche se aplicó con severidad por la agresividad y gravedad del ataque.

> Cuando me empezaron a cortar el pelo me sentí muerta. «¡Jesús, qué está pasando, esto va hondo!». No sabía dónde estaba ni qué estaba pasando. Tenía una sábana sobre mi cuerpo pero me moría de frío. En medio de la confusión pregunté: «¿Por qué no guardan mi pelo para hacerle una peluca a algún paciente con cáncer?», pero me respondieron que ya no servía para nada, que estaba infectado. Solo cuando me pasaron a una sala para lavarme los ojos me tranquilicé un poco. Me pusieron chorros directos de agua durante un par de horas y la oftalmóloga me pedía que estuviera calmada. Pero ella se empezó a sentir muy mal, mareada, congestionada y tuve que decirle que se fuera tranquila. También recuerdo

que escuchaba la voz de mi hermano Camilo y de mi papá: «Todo va a estar bien, ya te van a pasar a cuidados intensivos y estamos aquí contigo». Yo contesté: «Papi, cojan a ese tipo, por favor».

A las dos de la mañana, Natalia fue ubicada al lado de otra paciente que también había sido quemada y que se quejaba de mucho dolor mientras que su acompañante rezaba en voz alta el Santo Rosario. No durmió nada. Estaba aturdida y desnuda en una cama empapada de un líquido (lactato de ringer) que le tenían que aplicar cada media hora para intentar que el ácido parara de carcomerla.

Temblé toda la noche y pedía sábanas para arroparme pero no había una sola disponible. Casi al amanecer, la enfermera de turno accedió a ir a buscar un pequeño calentador y lo instaló cerca a mis pies. Me aferré a él y sentí de nuevo mi cuerpo. Pregunté un par de veces cómo estaba la oftalmóloga que me había atendido, mientras intentaba conciliar el sueño. Pero no dormí, había mucho ruido y movimiento, la gente entraba, salía, hablaba y se quejaba. Guillermo, un señor de cerca de 55 años, llegó en la madrugada, fue ubicado al frente de mi cama y se quejaba mucho. Escuché que se había quemado con electricidad y que le acababan de amputar la piernita (…). Yo pensaba: «¡Qué está pasado, cómo terminé acá, esto es el infierno!». De pronto escuché una voz que me decía: «Son las siete de la mañana, vas a entrar a cirugía, prepárate». Me sentía tiesa, absolutamente quemada y confundida. En ese instante entraron mis hermanos y lo único que hice fue preguntar por mi mamá. Necesitaba que estuviera conmigo (…). Ambos me dijeron: «¡Nati, todo va a estar bien, no te vamos a dejar sola, todos estamos afuera y vamos a coger a ese tipo. Cálmate, mi mamá está afuera también pero no podemos entrar todos al tiempo. Todo va a salir bien!».

A cinco cuadras del allí, Julia era atendida por médicos especialistas de la Fundación Cardioinfantil. Su estado era tan delicado que se alcanzó a despedir de su familia y les suplicó que no desampararan a Natalia. «Usted no se va a morir, mamá. Natalia la necesita ahora más que nuca y nosotros también. No se despida que va a seguir acá, vamos a seguir juntos, hay que luchar unidos», le dijo Juan Carlos.

Y así fue. Los médicos descubrieron que lo que Julia tenía era una cardiomiopatía o síndrome de corazón roto, que presenta los mismos síntomas de un ataque cardíaco y que suele producirse en personas que han sufrido un fuerte impacto emocional. Aunque había riesgo de muerte, era bajo y con reposo y tratamiento no iba a dejar secuelas en los músculos del corazón.

«Los médicos sabían que yo era la madre de la jovencita quemada y lloraron conmigo cuando descartaron el infarto», recuerda Julia quien de inmediato suplicó que la llevaran al lado de su hija. Pero los especialistas le pidieron calma y le explicaron que debía esperar al menos un día para retomar fuerzas. Juan Carlos la dejó estabilizada y volvió al Simón Bolívar a relevar a su hermano Camilo, quien había pasado la madrugada tirado en un prado en las afueras del hospital, pendiente de las noticias de su hermana. Sin embargo, Camilo se negó a abandonar a Natalia. Así recuerda lo sucedido esa mañana:

> Era incapaz de dejarla sola un segundo y de llegar solo a mi casa después de esta tragedia. Ese pensamiento me agobiaba. La cirujana Patricia Gutiérrez, jefe del área de quemados, nos buscó muy temprano en la mañana y nos dijo que necesitaba hablar con nosotros. Nos advirtió que las quemaduras que habían encontrado eran muy profundas, que era el ataque más agresivo que habían recibido en el Simón Bolívar y que eran muy altas las posibilidades de que mi hermanita quedara desfigurada para siempre. También nos anunció que la iban a ingresar al quirófano en unos minutos. Quedamos pasmados, destrozados.

Cuando la médica terminó de hablar y les dijo que iban a afrontar una etapa muy difícil en sus vidas, Juan Carlos no aguantó más, se echó a llorar como un niño e incluso cayó al piso. Solo lo calmó un médico de apellido Bernal que les mostró unas fotos de rehabilitaciones exitosas en África en donde las mujeres son quemadas con petróleo hirviendo y unas máscaras de gel les ayudan a superar parte de sus lesiones.

Pero él y Camilo se volvieron a derrumbar cuando ingresaron a una pequeña oficina, ruinosa como muchos rincones del Simón Bolívar, y les mostraron un esquema exacto de las quemaduras que había sufrido Natalia en la cara, las manos, el tórax y las piernas. «La sensación es horrible porque lo único que uno puede hacer es darse apoyo, rezar y sacar fuerzas de algún lugar», dice Juan Carlos.

La primera intervención se inició sin mayores contratiempos aunque las gotas de ácido que alcanzaron a entrar en la garganta de Natalia complicaron el ingreso del tubo que la iba a ayudar a respirar. El cirujano plástico Jorge Luis Gaviria Castellanos llegó ese día al hospital a cubrir un turno inusual y, cuando supo del caso y de la gravedad de las quemaduras, decidió ingresar al quirófano, enterarse de la situación y hacerse cargo de la intervención. Durante las seis horas que duró la cirugía le retiró la piel que el ácido le destrozó y extendió la de varios donantes fallecidos sobre el veinticuatro por ciento del cuerpo de Natalia, incluida toda su cara, que estaba literalmente en carne viva. Ella se encontraba descompensada, sangraba y perdía agua y electrolitos rápidamente. En total, Gaviria usó 2 mil centímetros cúbicos de epidermis de decenas de donantes muertos para protegerla de una infección generalizada que la hubiera llevado al colapso.

La cirugía fue exitosa, pero al tercer día del ataque, el ácido seguía actuando y Gaviria decidió intervenirla por segunda vez para quitarle más tejido y evitar que el agente químico penetrara en los músculos y afectara algún órgano vital causándole la muerte. En cada cirugía le retiraba los injertos de piel de donantes muertos y acudía al Banco de Piel de la Secretaría de Salud de Bogotá por más epidermis de cadáver. Al mes, el Simón Bolívar utiliza cerca de 20 mil centímetros cúbicos –con un costo de mil pesos por centímetro–, y las heridas de Natalia exigían cerca de 3 mil en cada cirugía.

> El químico seguía avanzando y, de hecho, suele ser más agresivo a las doce horas de haber sido usado. Las quemaduras en todo el cuerpo eran muy profundas. Las heridas más graves empezaron a ponerse blancas y la cara de Natalia parecía la de un mimo. Luego, las lesiones se tornaron de un color café violáceo y después negro… muerto. Lo más probable era que perdiera su nariz, que ya estaba negra, y también toda la piel al nivel del abdomen, que parecía un cartón. En la segunda intervención, el 31 de marzo, tuve que usar una fresa con punta de diamante, montada en una pieza de mano neumática de alta velocidad, para eliminar de esa zona el tejido necrótico. Ese día, la cubrí de nuevo con 1.811 centímetros cúbicos de piel de cadáver. Y se necesitaron dos cirugías más y de lija de agua número 80 para retirarle toda la piel que tenía afectada. Se le hizo la dermabrasión (una especie de raspado) hasta que comenzó a haber sangrado, esa fue la señal de que el tejido ya estaba sano. Al final, en la cara no le quedó ningún pedazo de piel, todo era músculo y grasa. Esa es tal vez la imagen más dramática dentro de todo el proceso –explicó el cirujano Gaviria– .

El 4 y el 11 de abril de 2014, Natalia fue sometida a las dos últimas limpiezas quirúrgicas, en las que Gaviria terminó de retirar la piel muerta de su cuerpo. Al final de las intervenciones, se requirieron de 2.131 centímetros adicionales de dermis de cadáver para protegerla. En ese lapso también fue sometida a una endoscopia ante los indicios de que había tragado algo de ácido y de que este le hubiera perforado el esófago, causándole una muerte lenta. Pero el examen mostró que el agente químico tan solo le afectó la epiglotis (cartílago ubicado en la garganta, detrás de la lengua), la cual estaba muy inflamada y le dificultaba el ingreso de los tubos.

«Solo recuerdo que había días en los que quería morirme y que las enfermeras que me cuidaban lloraban conmigo», asegura Natalia, quien tuvo que ser amarrada en una ocasión cuando alcanzó a sentir una sonda vaginal y, en medio de la somnolencia que le producía la morfina, se quitó el tubo y también la sonda nasogástrica, a través de la cual le estaban aplicando medicamentos y nutrientes. Se quejaba de mucho dolor y ardor en su garganta y sus hermanos le llevaban miel y helado para intentar calmarlos, pero a veces se le formaban grumos en la garganta y le era más difícil respirar. En total, tuvo que soportar doce días en la Unidad de Cuidados Intensivos, con el cuerpo y la cara vendados, incluidos nariz y ojos, fuertes dolores y una agonía interna que prefiere no recordar.

> Sufría mucho. Ya no tenían dónde canalizarme la vena. Intentaron en el pie, en el cuello, en la pelvis... Tenía muchos días súper *down*

en los que no quería seguir. Pero en otros me despertaba y decía que había solución para lo que me había pasado y creía que al otro día iba a salir para mi apartamento y todo iba a estar como antes.

Su tío Alejandro, quien la confrontó por primera vez con su nueva realidad, relata así ese encuentro:

Cuando la visité por primera vez, cuatro días después del ataque, solo tenía libre de vendas las articulaciones y la boca que era una masa terrible, dura. Verla así me impresionó, sabía que era mi sobrina pero no estaba su identidad física. La encontré sentada y me tranquilizó escucharle su voz fuerte y firme al saludarme. Todo el mundo estaba a la expectativa de mi visita: el apoyo, el tío sicólogo... tenía que mantenerme fuerte y tragarme el dolor. Usé términos metafóricos para decirle a qué debía enfrentarse y le pregunté directamente: «¿Nati, cómo te imaginas que te vas a ver?». Me dijo que como un habitante de la calle que ella conoce y que suele pararse frente a un semáforo, cercano a la casa, a pedir ayuda: ¡horrible! Le dije que probablemente se iba ver como él, pero que lo único claro es que, en adelante, lo único que podía haber en su caso era mejoría. Que ella era una paloma que había caído. Que ahora era una especie de oruga. Pero que de esa oruga que veíamos hoy iba a salir más adelante una hermosa mariposa y que de ella, solo de ella, dependía saber hasta dónde iba a volar.

Durante los días siguientes al ataque se respiraba tristeza y desolación en los pasillos del hospital. Afuera se agolpa-

ban familiares, allegados y amigos a la espera de cualquier noticia: Tulia, la «Mona», Mónica, Ángela, Daniel, María Camila, Lina, Santiago, Mariana, Sergio Arenas... parecían centinelas. Otro, abrieron grupos en redes sociales para apoyarla, buscaban a los mejores médicos y tratamientos en el exterior o pedían meditar y reunir fondos con destino a su rehabilitación.

Después de cada intervención, cuando sus hermanos ingresaban a Cuidados Intensivos, la notaban desorientada, ausente, con una particular calma que los angustiaba pero que se explicaba en el hecho de que le seguían suministrando morfina y en que el ácido le había destruido parte de su sistema nervioso: por momentos, Natalia no sentía nada.

«Le decíamos: "Nati, ya han pasado tres días, son las diez de la mañana, estás en el Simón Bolívar, tienes quemaduras en el cuerpo pero todo va a estar bien y aquí estamos para ti"», cuenta Camilo. El mismo ritual se repitió durante casi un mes, incluida la Semana Santa.

> Esos momentos eran duros, de una desolación total. A veces ella no podía ni hablar y no sabíamos si nos escuchaba. Tú te sentías y veías a todo el mundo destruido, pero cuando llegabas a los pies de su cama, hacías como si no hubiera pasado nada... para adelante. Los primeros días solo mi mamá estaba autorizada para tomarla de la mano, nadie más la podía tocar por riesgos de infección. Es un

> dolor muy grande. Empiezas a cuestionarte por qué pasó, por qué a ella, por qué a nosotros, por qué en este momento (…).

La situación de agonía que vivieron los familiares y allegados a Natalia se acentuó por las inexplicables carencias del Simón Bolívar, un hospital de primera en atención a quemados, que recibe un tratamiento de tercera.

Los Ponce de León tenían que comprarle desde pañales hasta las gotas para los ojos. El primer día, en medio de la angustia y la desesperación, les avisaron que en el hospital se había acabado la Terramicina y que la necesitaban urgente.

> Salí a las tres de la mañana a buscarla como fuera y pensaba, «¿qué pasa con los pacientes que no tienen los 20 mil pesos para la droga que se agota en los hospitales colombianos? (…)». Eran jornadas extenuantes, pero tenía recompensas cuando Nati reaccionaba. El día más importante fue el 8 de abril cuando finalmente pudimos hacer contacto físico con ella y le tomamos sus manitos. Nosotros también dejábamos la piel en el hospital, es un ambiente que consume demasiado. Ella era la víctima directa pero el ácido nos cayó a todos —asegura Daniel Arenas—.

Para hacerle más llevadera su estadía y subir su ánimo, le leían cartas y mensajes de sus amigos y le buscaban libros graciosos para distraerla. Uno de ellos se llama *Muuu*, lo escribió el guionista y novelista David Safier y Natalia lo tiene en su biblioteca, entre los pendientes, junto al libro de la pakistaní Ameneh Bahramí, *Ojo por ojo*, que le llegó luego.

Ameneh quedó ciega luego de que, en 2005, un compañero de universidad le tiró ácido en su rostro después de que ella se negó a aceptarlo como esposo. En los últimos nueve años, y desde que tenía veintiséis, ha sido sometida a diecinueve operaciones: tres de implantes de piel y dieciséis para intentar recuperar algo de la visión. Pero su rehabilitación, además de dolorosa, ha sido lenta y difícil por la falta de fondos para pagar especialistas.[1]

Desde el día del ataque a Natalia Ponce de León, peritos médicos judiciales empezaron a investigar qué era lo que estaba carcomiendo su piel y qué tan agresivo había sido el episodio que ocupaba titulares de prensa y tenía horrorizado al país. Además, del resultado de los exámenes oficiales dependía que la Fiscalía asumiera el caso como un intento de homicidio o bien como unas simples lesiones personales.

El primero en dar un diagnóstico fue el doctor Jorge Hernando Rubio Betancourt, especialista del Instituto Colombiano de Medicina Legal y Ciencias Forenses: «Las lesiones registradas ponen en riesgo la vida de la

---

[1] «Ojo por ojo: la terrible historia de Ameneh Bahramí». Agencia EFE, enero 13 de 2014.

víctima por posibilidad de complicaciones inmediatas como compromiso de la vía aérea, *shock* por deshidratación aguda o infecciones posteriores sobrecargadas», dijo Rubio y confirmó que el ataque había sido con un agente químico de alta pureza.

El intendente Simón García, de la Policía Nacional, remitió al Laboratorio de Toxicología de Bogotá la pashmina negra que Natalia llevaba en su cuello. La prenda llegó el sábado 29 de marzo de 2014, dos días después del ataque, en un empaque de polietileno, cuando ella estaba en su segunda cirugía. Aún liberaba vapores con un olor penetrante y el tejido de la bufanda se estaba destruyendo rápidamente por cuenta de una sustancia viscosa. Dos gramos y medio de la tela fueron cuidadosamente desprendidos y sometidos a una prueba especial de laboratorio para extraer la sustancia acuosa y verdosa que se estaba tragando a Natalia y que la Fiscalía necesitaba identificar con precisión.

«La anterior reacción permitió dirigir los ensayos hacia la identificación de sustancias ácidas como el ácido sulfúrico y clorhídrico», certificaron ese mismo día cinco profesionales del área toxicológica y de medicamentos del laboratorio.[2]

---

2   Informe final de Análisis, radicado LSP 12943, Laboratorio de Salud Pública, Laboratorio de Toxicología, 29 de marzo de 2014.

De manera paralela, el Grupo de Evidencias del Instituto Colombiano de Medicina Legal se encargó de analizar lo poco que quedó de las prendas que llevaba Natalia el día del ataque y que les fueron remitidas por Denisse Beltrán, miembro del Grupo de Violencia de Género de la Sijín de la Policía, que las recogió en la entrada y en la ducha de la casa, en donde Natalia intentó retirar el líquido que la quemaba.

«Recibimos un buzo color negro en muy mal estado (…) y una delicada blusa mangas sisa, marca HM color negro que se encuentra muy destrozada, principalmente en la parte delantera», dice el informe pericial que confirmó que el tipo de sustancia utilizada era ácido sulfúrico.[3]

Pero la mejor evidencia de la agresividad del ataque quedó consignada en un informe que el especialista Germán Alfonso Fontanilla, del Instituto de Medicina Legal, hizo 167 días después de la agresión. Fontanilla valoró a Natalia y le encontró cuarenta cicatrices (de entre uno y diez centímetros de largo y hasta ocho de ancho) en todo su cuerpo. El experto dejó constancia de que las heridas le dificultaban desde abrir los ojos y la boca para alimentarse hasta extender sus brazos y abdomen y así se lo hizo saber a la Fiscalía General de la Nación.

---

3   Informe pericial DRB-GET-317072-2014, Grupo de Evidencia Traza, Instituto de Medicina Legal y Ciencias Forenses, 31 de marzo de 2014.

«Se observa área de cicatriz que compromete las regiones frontofacial, temporo-faciales, periorbitarias, nasal, malares, labial, mandibulares (…) Doce cicatrices en la cara anterior y laterales del cuello (…) Siete cicatrices de 6x2 en el antebrazo que van hasta el metacarpiano y el primer dedo de la mano izquierdos (…) limitación para flexionar la cadera derecha (…)», anotó Fontanilla. Además, sugirió hacerle una valoración por otorrinolaringología e hizo una anotación adicional: «Para secuela psíquica, si la hubiera, se requiere que la autoridad remita a la señorita Ponce de León a valoración psiquiátrica forense».[4]

A pesar de las fatales consecuencias, la estructura de la cara de Natalia no estaba contraída ni deformada. Por eso, en la quinta cirugía Gaviria tomó la decisión de iniciar la reconstrucción de su rostro y de empezar a injertarle su propia piel.

El procedimiento exigía la obtención de láminas grandes para cubrir su frente, pómulos y quijada, y Gaviria optó por sacarlas del cuero cabelludo, la epidermis que más

---

[4] Valoración médico-legal. Instituto de Medicina Legal y Ciencias Forenses, Grupo de Clínica Forense, 10 de septiembre de 2014.

rápido cicatriza y se regenera, y la de color y textura más similares a los de la cara.

La intervención estaba programada para el lunes 14 de abril, a la una de la tarde, pero se inició tres horas después porque no podían canalizar ninguna de las venas de Natalia, que estaba muy nerviosa. Su mamá y su hermano Juan Carlos se encontraban afuera y la vieron pasar a pocos metros, antes de que la ingresaran al quirófano. Le hablaron unos segundos, oraron y se fueron a la casa a prender velas y a pedir por redes sociales que le enviaran energía y fuerza suficientes para que aguantara siete horas de una intervención compleja que, de nuevo, iba a poner en riesgo su vida.

Para retirar las láminas del tamaño exacto, Gaviria usó un dermátomo, un instrumento quirúrgico que extrae fragmentos de grosor uniforme de la primera capa de la piel, gracias a unas afiladas cuchillas oscilatorias. También se tomaron láminas de sus muslos para las heridas del resto del cuerpo. Tres cirujanos plásticos más, del equipo de expertos del Simón Bolívar, entraron a apoyar a Gaviria a fin de hacer el procedimiento más breve y para ocuparse de las heridas en las piernas, tórax y brazos mientras él se concentraba en la cara. Así lo explica Gaviria:

> Unir los injertos es como coser en papel crepé. Las puntadas deben ser exactas, pequeñas y suaves. En las primeras cuatro horas traba-

jé en las uniones de las láminas de la frente y pómulos, que resultaron perfectas. En las extremidades inferiores usamos primatix, una dermis sintética de origen bovino. Solo faltaban el labio superior e inferior y el mentón. Pero cuando iba a proceder a sacarle del cuero cabelludo las láminas que se requerían y a injertárselas, el anestesiólogo, Javier Sandoval, dijo que había que terminar de inmediato la intervención y pasar a Natalia a Cuidados Intensivos. Tenía una acidosis metabólica muy alta (ácido en la sangre), hipotensión severa y corría el riesgo de morir en la sala de cirugía. Aunque la orden de parar era inmediata, no podía dejar en carne viva la parte que faltaba y le puse una lámina de piel extraída del muslo. Lamentablemente no pegó y tuvimos que retirarla el 19 de enero de 2015 (…) Es una tortura para Natalia cada vez que la operamos, durante la intervención extendemos todo su cuerpo, abrimos sus brazos y parece crucificada (…), es morir en cada operación y volver a vivir.

Y asevera que para que alguien se recupere del tipo de quemaduras profundas que ella sufrió, se requiere cerca de sesenta intervenciones grandes y pequeñas… sesenta muertes y resurrecciones.

El día que Natalia estuvo a punto de morir, la cirujana plástica Patricia Gutiérrez permaneció todo el tiempo en el quirófano, a su lado:

Ya eran las siete de la noche, ella sangraba mucho y su vida estaba en alto riesgo. Yo la miraba y me preocupaba su fragilidad física. Pero es una guerrera, es muy fuerte. A pesar de tener una contextura tan delgada, no se rindió un solo segundo. Yo miraba al equipo médico y de anestesiología y decía: «La están manteniendo viva, son unos maestros, excelentes. No estoy en New York o en Houston, estoy en el Hospital Simón Bolívar de Bogotá con mi equipo de cirujanos».

A mediados de junio de 2013, Patricia Gutiérrez, para ese momento jefe de la Unidad de Quemados del Simón Bolívar, había logrado que miembros de la Fundación Médicos por la Paz, una organización internacional y humanitaria no lucrativa, con sede en Norfolk (Virginia), visitara el hospital. La idea era intercambiar experiencias y en la agenda estaba previsto operar a pacientes quemados, utilizando nuevas tecnologías. Dentro del equipo que estuvo en Bogotá durante cinco días venía Mohammad Alí Jawad, el cirujano británico ganador en 2012 de un Premio Oscar por su documental *Saving Face*, que muestra la magnitud de este tipo de ataques en los rostros de mujeres pakistaníes.

En ese país estas agresiones son consideradas como parte del fundamentalismo religioso e incluso un «crimen de honor», con el que los hombres cobran supuestas infidelidades, rechazos sentimentales e incluso deudas familiares.

Con la Misión Médica también llegó a Bogotá el doctor Alí Pirayesh, de nacionalidad holandesa, que viene usando con éxito una piel que ha devuelto a la vida a decenas de personas en todo el mundo, desfiguradas por ataques con químicos. Se trata de una matriz dérmica procesada en bancos de piel que se usa como un colchón debajo de los injertos, reemplazando la dermis de los pacientes quemados. Aunque en el mercado ya existía un tejido humano similar, conocido comercialmente como Alloderm, un centímetro cuesta cerca de diez dólares lo que lo hace inalcanzable para algunas personas. Con esas tarifas, una sola cirugía de Natalia hubiera costado más de dos millones y medio de dólares, una cifra impagable.

Después de muchos experimentos, Pirayesh y otros colegas lograron obtener un tejido idéntico que ahora produce Euro Skin Bank, de la Fundación Holandesa de Quemados, y que se conoce como Glyaderm. Se trata de una dermis acelular, derivada de donantes humanos, que reemplaza las capas profundas de la piel del paciente mejorando tanto la calidad del injerto como el proceso de cicatrización. Por lo general, las cicatrices tienden a contraerse echando a perder las cirugías y desfigurando de nuevo a los pacientes con injertos. Pero el Glyaderm ha arrojado excelentes resultados en todo el mundo.

Varias de esas láminas fueron usadas por Gaviria durante la quinta cirugía. Minutos antes de injertarle a Natalia su propia piel, el cirujano encajó las láminas de Glyaderm.

La cirujana plástica Jeniffer Gaona donó 1.500 centímetros que trajo de un congreso médico al que asistió en Austria y el resto se consiguió gracias a la gestión de la también cirujana Linda Guerrero, cabeza de la Fundación del Quemado, que se encargó de donarla.

Esta fundación, creada hace veintisiete años, ayuda a la rehabilitación estética, psicológica y social de personas quemadas. Guerrero, junto a un grupo de profesionales, ha realizado importantes aportes en el campo de la cirugía, y su equipo ha sido pionero en el uso de láser, regeneradores de piel y autocultivo de células. También asesoran al Banco de Piel de la Secretaría Distrital de Salud de Bogotá, uno de los más modernos de América Latina, de donde el Hospital Simón Bolívar obtiene la piel de donante muerto para sus pacientes.

«El resultado con el Glyaderm fue muy superior al promedio. Como cirujano, estoy contento», asegura Gaviria mientras revisa las bitácoras de las operaciones de Natalia.

A finales de abril de 2014 volvió a Colombia la misión de Médicos por la Paz y esta vez llegaron Daniel Driscoll y Gary Fudem, especialista en cirugía plástica de la Universidad de Massachusetts, Estados Unidos. Para ese momento, la agresión a Natalia había cobrado la categoría de escándalo nacional y logró trascender fronteras por su magnitud y sevicia. Por eso, ambos pidieron ver el caso, al que de entrada calificaron de supremamente difícil. Y aunque le dijeron a Gaviria que no les gustaría estar en su lugar, le pidieron que les permitiera entrar a alguno de los destapes de limpieza para mirar el resultado de las operaciones. Aunque la familia se había enterado de que los injertos habían pegado correctamente y que solo los de la boca requerirían de corrección quirúrgica, les inquietó un poco que el cirujano de Natalia les pidiera a los médicos extranjeros esperar al menos una semana más para verla, aduciendo que se debían respetar los tiempos de cicatrización que él tenía previstos para este caso en particular.

Pero, finalmente, el viernes 25 de abril, Gaviria dio el visto bueno para quitarle los vendajes a la paciente y para que la examinaran Driscoll y Fudem. Los médicos locales y los visitantes se reunieron a su alrededor para revisar el resultado de los injertos y quedaron sorprendidos.

«La cirujana Patricia Gutiérrez salió llorando y yo casi me muero. Gaviria también estaba conmovido y yo no sabía qué estaba pasando. Al final me dijeron que todo había salido perfecto que la operación había sido un éxito: "Esto es un milagro, es la mejor reconstrucción, la diferencia es toda con otros casos similares", me dijo Patricia», recuerda Julia Gutiérrez de Piñeres.

Después de la revisión, Gaviria les pidió consejos a los cirujanos extranjeros, pero solo hubo elogios para el trabajo del equipo de colombianos.

Fueron las mejores noticias que le dieron a la familia. Gran parte de la cara de Natalia ya tenía de nuevo piel.

> Los injertos pegaron perfecto y todos los médicos alucinaron cuando se encontraron con ese resultado. Incluso, los cirujanos extranjeros quedaron aterrados con el resultado. Natalia Reyes, la cirujana residente, se quitó los guantes para tocarle la cara y lloraron de felicidad. Tal vez esos son los milagros que se dan por Dios, por el amor, por toda la luz que la gente le ha mandado a mi hija —agrega Julia—.

Natalia escuchaba atenta todo lo que pasaba a su alrededor pero aún no podía ni quería verse en el espejo. De hecho, ningún miembro de la familia la pudo ver y Gaviria ordenó que, de inmediato, se le volvieran a poner las vendas y que se esperara dos semanas más antes de retirarlas del todo. Por calendario, el día elegido para que Natalia se viera por primera vez, tras el ataque, fue el jueves 15 de mayo, cincuenta días después de que perdiera su rostro.

Previendo el impacto que esa primera nueva imagen podría causarle a la familia, un par de días antes del procedimiento los cirujanos Patricia Gutiérrez y Jorge Luis Gaviria tomaron la decisión de prepararla y de aterrizar sus expectativas a la realidad médica. Alistaron una secuencia de fotos de Natalia desde el momento en que ingresó al Simón Bolívar con quemaduras de tercer grado hasta la cirugía de injertos. Cuando llegaron sus padres y hermanos y un par de amigos cercanos, Gaviria les mostró cómo iba a quedar. También, les permitieron ver apartes de otros casos para que compararan y notaran los avances quirúrgicos.

«Fue muy duro y doloroso pero ese día pusieron los pies sobre la tierra y entendieron las dimensiones de lo ocurrido. Sin embargo, se dieron cuenta de los progresos alcanzados en la reconstrucción de su rostro», cuenta la cirujana Gutiérrez.

Efectivamente, las fotos que les mostraron son tan dramáticas que el archivo completo está a disposición del abogado de la familia, Abelardo de la Espriella y de las autoridades.

El 15 de mayo, la pasaron al área de curaciones del piso 7, para quitarle finalmente las vendas. Ella aparentaba tranquilidad. Allí hay un pequeño cuarto con una silla, una ventana de regular tamaño y uno de los pocos espejos que están autorizados en el Simón Bolívar. Por tratarse de un hospital especializado en el tratamiento de quemados, no hay espejos en sus baños, ni en los ascensores. Tampoco material en el que los pacientes puedan ver reflejados sus rostros, lo que podría disparar sus angustias y hasta los intentos de suicidio.

> Los cirujanos plásticos Patricia Gutiérrez y Jorge Luis Gaviria me advirtieron que ver mi rostro iba a ser impresionante pero me pidieron que tuviera siempre presente, que nunca olvidara, que este es un proceso largo y lento, de recuperación progresiva. Me pusieron morfina para que no me doliera la quitada de los puntos con unas pinzas especiales que tenían listas y, entonces, empezó el procedimiento. A pesar de que el cuarto es diminuto, allí estaban, además de los dos cirujanos, Gina, la terapista ocupacional; Natalia Reyes, cirujana residente; y Ligia, la jefe de enfermeras y la que mejor pone vendajes y coge venas. Yo no quería que nadie de mi familia me viera. Les dije a mi papá, a Juan que no entraran y también le pedí a la psiquiatra del hospital que se retirara porque su voz me desencajaba. Pero mi mamá y mi hermano Camilo ingresaron conmigo —narra Natalia—.

Juan Carlos, su hermano mayor, le dio gracias a Dios por no haber entrado ni presenciado el destape: «Estaba listo, tenía las batas protectoras, el tapabocas y algo de fuerza interna. Pero mi hermana me dijo que no quería que yo la viera y me pareció mucho mejor. Yo me hubiera derrumbado delante de ella, hubiera sido muy difícil para mi alma verla así».

Natalia le pidió a Gina que cubriera la pequeña ventana del cuarto de curaciones, porque tenía la sensación que allí estaban los rostros agolpados de sus familiares intentando ver algo del procedimiento, que empezó a las diez de la mañana en punto. Pero el vidrio de la ventana es esmerilado y es imposible ver qué es lo que está pasando al otro lado.

> Me quitaron las vendas muy despacio, una a una. Yo escuchaba respirar a los demás a mi alrededor. Después de unos minutos, pusieron el espejo enfrente mío y ahí vi las dimensiones de lo que me pasó. Mi nariz y mis ojos estaban torcidos, mi boca se había caído por completo y reducido casi a la mitad, no tenía mis cejas, estaba totalmente calva y llena de costras y de hilos. Mi cara estaba desfigurada, morada y roja en algunos sectores. Solamente dije: «Ma, estoy como un monstruo», y me eché a llorar. Quería que todo el mundo saliera de inmediato y que alguien me durmiera –recuerda Natalia–.

Aunque, quirúrgicamente, el resultado no podía ser mejor, estéticamente era muy impactante. La cirujana Natalia Reyes ya les había advertido que lo que era un buen logro para los médicos no siempre lo era para la familia y para el paciente y ese día comprendieron perfectamente el significado de sus palabras.

> Patricia la cirujana me dijo: «July entra tú a acompañar a tu hija que eres quien le va dar apoyo», pero no sé cómo lo hice, de dónde saqué fuerzas para aguantar esa prueba de la vida. Cuando le quitaron las vendas miré a Nati y parecía salida de un campo de concentración nazi. Estaba calva, pesaba 48 kilos, su carita era

irreconocible y miraba hacia el horizonte como ida –relata Julia Gutiérrez de Piñeres–.

Ella también tocó fondo al ver a su **niña totalmente** desfigurada y afectada emocionalmente. «Llegó al punto terrible de no interesarle su propia vida, no quería comer, dormir, seguir. Tuvimos que ayudarle y animarla a que volviera al trabajo como terapia y hacerle entender que si se derrumbaba, Natalia se iba con ella», recuerda Alejandro Gutiérrez de Piñeres.

El sufrimiento de Julia angustió tanto a Marina Luna, la vital abuela de Natalia, que sufrió un infarto el 13 de julio de 2014, casi un mes después de que le retiraran las vendas a su nieta. Ese día, doña Marina fue llevada de urgencias a una clínica en Bucaramanga en donde milagrosamente se recuperó, a pesar de tener ya 86 años de edad: «Ver sufrir a Julia me partía el alma. No sabía cómo ayudarles. Rezaba todas las noches por ellas y las encomendaba a Dios, a la Virgen, al Papa Juan Pablo II y a José Gregorio Hernández», dice la abuela, quien viajó a Bogotá para estar con su hija y su nieta durante la Navidad y el año nuevo.

Otra persona que siempre ha rezado en silencio y que ayuda a que Julia Gutiérrez de Piñeres continúe en pie, erguida, es Andrés Almeida, su esposo, quien, en palabras de una de las amigas de Julia, «es un hombre discreto, impecable, amable, fundamental para ella (…), es su bastón invisible, su apoyo incondicional, su compañero, su "oxígeno"».

Un par de días después del destape del rostro de Natalia, su cirujano decidió seguir adelante con el cronograma de cirugías. La reconstrucción de los párpados, la piel más delgada y delicada del cuerpo, era una de sus prioridades. Fue programada para el 6 de julio, y tal vez su riesgo y complejidad desencadenaron el infarto de la abuela. Para reemplazar la piel que el ácido desintegró, Gaviria usó láminas sacadas de detrás de las orejas, que asemejan en su textura a la de los párpados. Antes de entrar al quirófano Natalia le dijo al cirujano que por favor recordara que sus ojos eran un poquito achinados. La frase conmovió al médico quien simplemente le sonrió y recordó las decenas de fotos del rostro de su paciente que la familia le hizo llegar, que guarda en su computador personal y que cada noche memoriza centímetro a centímetro, para usarlas en las cirugías a manera de mapa mental.

Ese domingo, Natalia estaba muy nerviosa por la anestesia. Además de reconstruirle los párpados de arriba, le iban a operar la brida cicatrizal (un cordón de cicatriz) que se le formó en el brazo derecho y le dificultaba el movimiento. Las horas comenzaron a pasar y algunos miembros de la familia se empezaron a alterar recordando la emergencia por la que había atravesado durante la última cirugía. Natalia Reyes, la cirujana residente, llegó corriendo al Simón Bolívar y alcanzó a entrar a mitad de la intervención. Luego salió y les dio un parte de tranquilidad. Les dijo que también habían usado algo de piel de la cabeza y del pecho para que los ojos empezaran a funcionar más fácil. Además, que Gaviria aprovechó la operación para liberar la boca de la contracción que tenía hacia la izquierda y la abrió a los lados para que fuera tomando su tamaño normal. Eran buenas noticias pero verla salir del quirófano con la cabeza rapada, sangre en las vendas y los ojos tapados fue de nuevo muy duro para los Ponce de León, una especie de remembranza dolorosa de los primeros días.

Las siguientes semanas fueron aún más difíciles. Debido a la cicatrización, los párpados de Natalia empezaron a voltearse y, en la novena cirugía, uno de los nervios de su brazo izquierdo se contrajo y toda la extremidad estaba literalmente encogida. La boca seguía reducida y ella continuaba perdiendo peso progresivamente. Y aunque las pestañas empezaron a renacer, se le clavaban en los ojos como milimétricas dagas. Llorando, Juan Carlos le suplicó al doctor Gaviria que, de nuevo, ayudara a su hermana: «Natalia se asemejaba a una vela humana, derritiéndose. Le dije que su boca parecía el pico de un pajarito, que no podía ni comer y que sus ojitos seguían cayéndose. Me ahogaba entre mis lágrimas con cada palabra».

Su brazo izquierdo se sumó a la lista de preocupaciones médicas y personales. Todos creyeron que había perdido la mano y tuvo esa extremidad encogida e inmovilizada casi mes y medio. La situación se complicó porque en el otro brazo tenía permanentemente una férula. Luego de varias semanas, con terapia intensiva y con su perseverancia logró recuperar el movimiento de sus extremidades superiores y el cirujano Gaviria se encargó del resto:

> Efectivamente, el párpado derecho inferior y luego el izquierdo inferior empezaron a jalar hacia abajo, producto del proceso normal de cicatrización. Luego, uno de los párpados superiores se le pegó a la ceja. Por eso tuve que hacer una nueva intervención para corregir esa parte, usando nuevamente piel de detrás de sus orejas y de la clavícula. Todo salió perfecto, pero la lucha con la cicatrización continuó las siguientes semanas y meses. La piel de la cara se le comenzó a arrugar y le aparecieron telangiectasias (vasitos rojos en forma de araña) y pústulas (infecciones) porque tenía muy bajas las defensas. Además, la grasa también se le quemó con el ácido sulfúrico y aunque los injertos quedaron perfectos, no tiene glándulas sebáceas ni sudoríparas y la piel no se puede hidratar.

Para corregir los efectos de la cicatrización, en el Simón Bolívar le elaboraron una máscara delgada y transparente en un gel de silicona líquida, donada por Médicos por la Paz, que se conoce como Uvex. Tiene sus facciones casi exactas y la debe usar doce horas al día para presionar y aplanar las cicatrices. Primero se hizo un negativo en yeso de su rostro y luego se puso la lámina para moldear su máscara, que (en teoría) se debe cambiar mensualmente, de acuerdo con los avances. Además, se le ordenó someterse a terapia física, que incluye masajes de estiramiento de la piel. Debe hacer ese ritual todos los días, es una especie de condena perpetua.

El cirujano holandés Alí Pirayesh conoció a Natalia el jueves 6 de noviembre de 2014 y, de entrada, le dio una de las mejores noticias que puede recibir un ser humano en el estado en que ella quedó: «El camino es muy largo, pero vas a quedar bien. Tú eres fuerte e inteligente y yo te voy a donar todo el Glyaderm que necesites. Voy a estar ahí para ti. Sé que Jorge Gaviria necesita tanto de la piel temporal aloinjerto como del Glyaderm parta tus operaciones y voy a hablar con el Skinbank para conseguirlo», le escribió en un mensaje.

Y Pirayesh ha honrado su palabra. En diciembre de 2014, le notificó vía correo que, a mediados de 2015, la esperaba en Ámsterdam para injertarle sus cejas gruesas y abundantes, un rasgo característico del rostro de Natalia y de varios de los Ponce de León Gutiérrez de Piñeres, que ella perdió por completo. De la ceja izquierda le quedó algo, pero la derecha simplemente se borró de su cara. También se le inyectará la grasa que se quemó con el ácido. Esto ayudará a que su rostro recobre elasticidad y parte de las delicadas facciones que su agresor borró con el agente químico y, a la vez, dejó marcadas para siempre en la memoria de miles de personas que han conocido de manera directa o a través de los medios de comunicación el llamado «caso Ponce de León».

Desde los diez años, Natalia participó como modelo en algunos comerciales que promocionaban marcas de bancos, jabones, aromatizantes e incluso, meses antes del ataque, hizo *casting* para una serie de televisión. De hecho, su imagen fresca y linda aún cuelga en la entrada de un prestigioso banco, como parte de una campaña publicitaria. En esas fotos viste un traje de novia y un velo le enmarca la cara.

Ese rostro que tanto buscaban los publicistas quedó capturado en una foto con la que el país identifica la historia de Natalia Ponce de León. Fue tomada a principios de noviembre de 2011, al lado de la piscina de una vieja mansión colonial convertida en lujoso hotel boutique, ubicado en un rincón de Oaxaca (México). Ese día todo el pueblo olía a flores y a incienso, y estaba lleno de altares con imágenes de difuntos. Según la tradición mexicana, sus almas estaban a punto de regresar de la muerte y había que rendirles homenaje y esperarlos con veladoras, calaveras, algarabía, ofrendas y su comida y bebida preferidas. Incluso, algunos alistaron mariachis y música norteña para facilitarles el regreso a este mundo.

Al pueblito mexicano llegó en bus y por azar, tras elegirlo en un mapa en el que antes había marcado la Riviera Maya, Tulum, Chichen Itzá, Playa del Carmen, Mérida y Palenque. Oaxaca era el último lugar que Natalia tenía planeado recorrer con Ken Oliver Eichmann, un alemán nacido en Hamburgo, banquero de profesión y con quien también conoció Egipto y Brasil. Ken regresaba al otro día a Berlín y Natalia viajaba luego a New York a comprar ropa para surtir el almacén de su mamá del cual se iba a hacer cargo. Para guardar un último recuerdo, Ken le pidió que posara para él sin sospechar que estaba tomando la imagen que se iba a convertir en una especie de ícono de la muerte y resurrección de Natalia.

La foto ha sido publicada decenas de veces por los medios de comunicación, encabezó las marchas y plantones en apoyo a Natalia e inspiró una litografía del joven artista caleño Felipe Bedoya a quien ella ni siquiera conoce.

Bedoya donó la litografía para que fuera subastada y se recogieran fondos con destino a su recuperación. La misma imagen se convirtió, además, en manillas y en botones que también se comercializan para ayudar a comprar una crema, una pastilla, una venda…

Y hay otro cuadro inspirado en esa misma foto, que no alcanzó a llegar a la subasta y que fue elaborado por Juan Carlos Cabas, artista formado en el instituto The Art Students League, de Nueva York. Ese retrato, en lienzo, cuelga en la sala de la familia Ponce de León.

Dos meses después del ataque, Camilo Ponce de León se **tatuó** la imagen hecha por Bedoya. Fue hasta donde su **amigo** Javier Rodríguez y le pidió que le grabara el rostro **de su hermana** en el costado derecho de su cuerpo:

> Grabarme la foto en ese lugar me dolió mucho, es una de las zonas más sensibles del cuerpo. Pero al imaginarme el dolor por el que estaba pasando mi hermana, eso no era nada. En ese momento, ya había pasado por ocho dolorosas cirugías y aún nadie sabe cuántas más le faltan. Me la tatué para que sepa cuánto la amo y para llevarla siempre conmigo.

Ken y Natalia se habían conocido en Europa a donde ella viajó el 9 de agosto de 2007, con veintisiete años recién

Litografía donada por el joven artista caleño Felipe Bedoya para subastarla y usarla con el fin recoger fondos destinados a la recuperación de Natalia.

Invitación a la fiesta del restaurante Made in Brazil, diseñada por Patricia Olarte, compañera de cuarto de Natalia en sus épocas de estudiante en Londres.

cumplidos, a estudiar inglés y a hacer un curso de Photoshop illustrator. Pero Europa la atrapó y el viaje, planeado para tres meses, se convirtió en una estadía de tres años. Cuando empacó maletas acababa de recibir el título de especialista en Medios Audiovisuales del Politécnico Gran Colombiano, con énfasis en producción y dirección de cine. Y la recién graduada tenía claro que necesitaba perfeccionar el inglés del colegio Clara Casas y de la universidad para seguir con sus planes profesionales. Inicialmente se instaló en Londres, en el apartamento de su prima Ángela González, ubicado por los alrededores de Finsbury Park, una agitada zona londinense. Esa fue una especie de base para saltar a Budapest, al Cairo, a Praga, a Barcelona… y también a Berlín, en donde conoció la nieve en la madrugada del primero de enero de 2008.

«Esos años no se me van a olvidar nunca, a pesar de que trabajaba mucho, "mesereando", para ahorrar y seguir estudiando y viajando. Me tocaba de domingo a domingo y me doblaba en turnos hasta la madrugada. Era duro pero fue hermoso, una muy buena época», asegura.

Uno de esos trabajos fue en Made in Brazil, reconocido restaurante latino ubicado en Camden Town, un barrio repleto de tiendas, bares, restaurantes, algarabía y de un extravagante mercado callejero. Allí, Renato, el dueño, y los trabajadores, aún recuerdan con mucho cariño a la colombiana alegre, linda y trabajadora. De hecho, el 29 de octubre de 2014, siete meses después del ataque, hicieron una fiesta para recoger fondos y apoyarla en su recuperación. Esta fue la convocatoria en las redes sociales:

> Join Us Today for a Charity Evening @ Made in Brasil Boteco for a support of our beloved friend and ex-colleague Natalia Ponce. Live Band... Happy Hour all night long... Auction for fantastic prizes... Good company and a Great Cause to get tipsy...

Patricia Olarte, una chilena con la que Natalia compartió cuarto y hambre durante sus épocas de estudiante en Londres, diseñó la invitación con decenas de corazones.

Su estadía en Europa tan solo la interrumpió en mayo de 2009, cuando regresó a Colombia para el nacimiento de Martina, la pequeña hija de su hermano Juan Carlos. En ese viaje se reencontró con sus amigos y armó paseo en carro hasta Taganga (Magdalena) en donde buceó. También pasó por Bucaramanga, a saludar a parte de su familia materna, y empacó de nuevo maletas para volver a Londres. Pero la visa se le venció un año después y decidió volver a Colombia.

«El regreso a Bogotá me dio muy duro. Era como retroceder en el tiempo. Además, ese año (2010) el invierno fue muy fuerte en todo el país y me parecía que todo seguía igual, congelado, y que la gente no cambiaba».

Natalia se hizo cargo, durante un año, de la administración de El Armario, el almacén que su mamá, Julia Gutiérrez de Piñeres, tenía desde hacía veinticinco años en la carrea 14 con calle 83, al norte de Bogotá. Todo marchaba a la perfección, pero a su mamá le diagnosticaron enfermedad pulmonar obstructiva crónica (EPOC), la declararon oxigenodependiente y Natalia tuvo que ayudarla con la administración de la fábrica de uniformes empresariales que tienen desde hace años: supervisaba pedidos, calidad, facturación, empaques, compras, entregas…

Para principios de 2013, la fábrica marchaba a la perfección, se había comprado su primer carro (un Mazda 626, color blanco, modelo 90) y el 15 noviembre de 2013 decidió independizarse. Ese viernes, salió de su casa materna a instalarse sola a un apartamento de cincuenta metros cuadrados, ubicado en Chapinero Alto, por el que pagaba un arriendo moderado. Estaba feliz comprando sus propias cosas y decorando el lugar.

En la mayoría de casos documentados, este tipo de agresiones con agentes químicos son ejecutadas por personas conocidas por la víctima que las acechan por años. Testigos aseguran que el señalado agresor de Natalia la hostigaba desde hacía al menos quince: sabía dónde vivía, quiénes eran sus hermanos, los nombres de sus amigos y también que ella ya había regresado de Londres. De hecho, hay evidencia de que, pocos días después de que Natalia se fue a vivir sola, adquirió el ácido sulfúrico.

Al poco tiempo del ataque, en medio del dolor, desde Cuidados Intensivos, Natalia le escribió esta carta de cumpleaños a su mamá.

La sombra

Una semana después del ataque, cuando la imagen de Natalia Ponce de León ocupaba las portadas de los más importantes medios de comunicación de Colombia y algunos de Europa, una mujer que se identificó como «Sandra» se puso en contacto con la Policía Nacional. Dijo que sabía la ubicación exacta del hombre que le había rociado ácido a Natalia en el rostro y el cuerpo, y dio la dirección exacta de la casa en la que el sujeto se encontraba. También dijo que la familia del agresor no estaba al tanto de lo sucedido pues uno de sus miembros había comentado en público la noticia y estaba literalmente horrorizado, como el resto del país. Pero la mujer, de edad madura, manifestó que no podía dar más información porque temía por su integridad y la de los **suyos**.

Para ese momento, los investigadores ya tenían indicios de quién podía ser el victimario. En plena sala de emergencias de la Clínica Reina Sofía, Camilo Ponce de León señaló a un sospechoso y volvió a repetir su nombre dos días después, en una primera diligencia que rindió ante la Policía Judicial en las instalaciones del Hospital Simón Bolívar, mientras su hermana estaba en el quirófano.[5]

A las 5:08 p.m. del 29 de marzo de 2014, Camilo empezó a narrarle a los investigadores que había un sujeto que estaba obsesionado con ella y que alguna vez había escrito un grafiti callejero contra Natalia y contra su amiga, Lina Parra, en las que las llamaba «¡perras¡». De hecho, accedió a montarse en una patrulla para llevar a los investigadores hasta el edificio en donde creía que aún vivía el sospechoso. Sin embargo, allí les informaron que toda la familia se había cambiado hacía ya un par de años y que desconocían su paradero.

> Recuerdo que él quiso hacerle daño a Natalia en varias ocasiones, obsesionado con ella desde los quince hasta los veinticinco años, pero hace cerca de diez desapareció. Era un conocido de fiestas y llamaba a mi mamá por teléfono a decir que Natalia era una perra. Una vez pasó a botar un tarro de pintura roja en la portería de la casa, eso fue hace más o menos doce años. En otra ocasión llegó a formar escándalo y a decir que iba a matar a Natalia y yo salí y

---

5   Entrevista FOJ 14, Seccional de Investigación Judicial, marzo 29 de 2014.

lo agredí. Fue hace tiempo y, luego, simplemente se esfumó. Pero después empezó de nuevo a pasar por la casa y llamó a mi mamá a decirle que Natalia le había hecho daño a su hermano. Sin embargo, sabemos que él no tiene hermanos (…). Me pareció irreal que la hubieran quemado. Cuando llegué a la casa, en la portería aún permanecía un líquido parecido al petróleo, con olor a químico, que había blanqueado los ladrillos en los que cayó y que acabó con el prado del jardín. Pregunté qué era lo que había pasado y Waldo, el vigilante, solo sabía que escuchó muchos gritos y vio a mi hermana pidiendo auxilio y entrando a la casa angustiada –le dijo Camilo a la Fiscalía en el trascurso de una entrevista de casi dos horas–.

Los datos suministrados por Camilo y por otros allegados a los Ponce de León se mantuvieron bajo reserva, por ser tan solo un primer rastro a seguir, pero fueron suficientes para que los investigadores empezaran a rastrear la vida del sospechoso y a armar su perfil sicológico. Además, acudiendo a registros públicos y privados, a los que accedieron en menos de 76 horas, los investigadores pudieron establecer la identidad plena del sujeto, su récord escolar, su domicilio y su carencia de antecedentes laborales y universitarios:

Sujeto de sexo masculino, 34 años de edad, soltero, con bachillerato completo, ocupación cesante, grupo de sangre A+, 1,75 m de estatura y una cicatriz en un dedo de la mano derecha…

La investigación también se centró en un hombre que, días atrás, había escrito en su cuenta de Twitter: «Estoy enamorado de Natalia Ponce» y «Juntos brillaremos quemados». Además, subió fotos de personas con el rostro quemado, dedos con sangre y leyendas en las que aseguraba: «Hay que destruir la fenomenología del amor». Esos pantallazos fueron borrados luego de que se conoció la noticia del ataque, pero las autoridades alcanzaron a recuperar varios de ellos. Incluso, rastrearon los antecedentes del sujeto, ubicaron su casa y encontraron un dato que los impactó. Ambos sospechosos nacieron el mismo mes y año, diciembre de 1981, y conocían a Natalia directa o indirectamente.

Para estudiar los perfiles de los dos sujetos, Juan Carlos Ponce de León y dos amigos muy cercanos comenzaron a reunirse en la oficina del abogado penalista Abelardo de la Espriella quien ya había aceptado llevar el caso.

> Un par de días después del terrible suceso y luego de conocer algunos detalles de lo ocurrido a través de los medios de comunicación, recibí una llamada de una allegada de Natalia, que había trabajado hacía algunos años en mi firma de abogados. En representación de la familia, esa vieja amiga me pedía ayuda para que Natalia no fuera una estadística más y se hiciera justicia en su caso. Antes de que terminara de hablar, le dije que podían contar conmigo y todo mi equipo sin costo alguno; sentí, desde antes de esa comunicación, que la causa de Natalia debía ser la causa de todos. Me reuní

con sus padres y hermanos a la mañana siguiente, en mi despacho. El dolor de sus seres queridos me sobrecogió. La maldad trae consigo el infortunio de hacernos percatar de la clase de sociedad que tenemos. El agresor no solo les hizo daño a Natalia y a su familia, sino también nos causó un perjuicio irreparable a todos, porque desnudó de la peor manera lo mal que estamos como país y conglomerado social. Las lágrimas de Julia, la madre de Natalia, me conmovieron tanto que me vi obligado por las circunstancias a jurarle que íbamos a dar con el paradero del miserable agresor, como en efecto ocurriría pocos días después –narra el penalista De la Espriella–.

En unas cuantas horas, lograron obtener fotos recientes de los sospechosos y compararon su tipología y constitución física con los videos del agresor que la Policía ya había ubicado. En un principio, la balanza se inclinó hacia el segundo sospechoso, luego de que establecieron que vivía en Chapinero, muy cerca al apartamento de Natalia, y justo al lado de un almacén de pinturas en donde comercializaban ácido sulfúrico. Pero en ese momento la evidencia contra el otro sujeto empezó a aumentar y para los investigadores era aplastante. De hecho, se afianzó luego de escuchar a familiares, allegados y amigos de los Ponce de León, y a la propia víctima.

Las oficinas de la firma que dirijo parecían un salón de crisis del Pentágono. Establecimos un perfil del atacante. Con información suministrada por la familia de Natalia, logramos reducir el margen de búsqueda. Nos hablaron de un par de episodios que le habían ocurrido a Natalia hacía varios años y había una circunstancia particular en esos dos acontecimientos: el autor era una misma persona. Después de cinco días seguidos, algunos sin dormir, y con la información antes reseñada en nuestras manos, me reuní con el oficial de la Policía encargado de la investigación, a quien le entregué los datos. La Policía hizo un trabajo extraordinario: para ese momento ya tenía los videos del instante del ataque, ubicaron el lugar de residencia del principal sospechoso y lo individualizaron —relata De la Espriella—.

Por la rapidez con la que se produjo el ataque y por el hecho de que el agresor llevaba una capucha y una gorra puestas, Natalia no pudo ver el rostro de su victimario. Sin embargo, fue ella la primera en mencionar el nombre del sospechoso.

Lo pronunció inicialmente cuando iba camino a urgencias de la Clínica Reina Sofía, con el ácido carcomiéndole la cara. En ese instante le pidió a su mamá que le dijera a su mejor amiga, Lina Parra, que se cuidara de ese sujeto. La alerta le produjo a Lina un *shock* nervioso en plena clínica porque creía que era inminente que a ella también la atacaría. Se angustió al extremo y, de hecho, ha preferido abstenerse de hablar con las autoridades de lo que pasó.

Mientras esperábamos alguna noticia, empezó a llegar a la clínica gente de la Sijín a preguntar qué era lo que había ocurrido. Lina, una de las mejores amigas de Nati, entró en pánico porque decía que ella iba a ser la próxima víctima. Lloraba, gritaba, fueron momentos angustiantes. Ese día, todas íbamos a asistir a un *baby shower*, pero en la mañana Natalia me escribió un mensaje en el que me decía: «No puedo ir amiga, tengo un problema». Cuando le echaron el ácido, yo estaba con mi padre a treinta cuadras de su casa pero lo sentí en mi alma. El pulso se me alteró y salí corriendo a buscarla –recuerda Mónica Turgerman, prima de Natalia–.

En la sala de reanimación, en la ducha de la Reina Sofía y en Cuidados Intensivos del Hospital Simón Bolívar, a Natalia se le volvió a venir a la mente el nombre de ese sujeto. De hecho, a pesar de su estado clínico y emocional, accedió a hablar del tema con la Policía apenas seis días después del ataque. A las nueve de la noche del martes 2 de abril, dos oficiales y un representante del Ministerio Público llegaron a las instalaciones del Simón Bolívar y grabaron su primer testimonio.

–¿Tú conoces a la persona que te arrojó ácido?

«No tengo muy claro, fue como un muchacho de barba y cachucha y una capota. Se volteó y me echó eso. No puedo saber quién es».

–¿Tú conoces a la persona que aparece como sospechoso?

«Es un muchacho que conocí antes. Me molestaba. Escribió una carta diciendo que yo le iba a matar a su hermano, inventando cosas».

–¿Tú crees que sea él?

«Pero no era él, fue muy rápido todo (…). Le dije: "Oye, quién eres" y me contestó que Bernardo estaba en el parqueadero, "ya viene", y se volteó y me echó el tarro encima».

–¿Cuándo fue la última vez que tuviste contacto con esta persona?

«Hace muchos años no lo veía, no lo veo, él vivía al lado de mi casa (…) hace muchos años llegó a mi casa (…) que saliera mi mamá, que yo le había escrito una carta, que yo iba a matar a su hermano. Entonces salió mi hermano, lo paró, él botó unas cosas contra la pared y a una amiga mía también, a Lina Parra».

–¿Tú notaste si en los últimos días te hayan estado siguiendo? ¿Cómo es tu rutina?

«No. Ando mucho en el carro, en la casa de mi mamá, me devuelvo para mi casa».

–¿Si te mostramos una foto, estás en capacidad de reconocer a la persona que te arrojó el ácido?

«Me tocaría abrir los ojos bien».

–¿Cómo hiciste para salir de tu casa, qué pasó?

«Me llamaron al citófono, el portero, que me necesitaba Bernardo Londoño, que es mi exnovio. Yo dije, tan raro, para qué querrá verme. Entonces, como que "lo hago seguir, pero mentiras, no, mejor yo salgo". Cuando salí, tenía una caja que le dejé al portero para que la botara. Yo me quedé ahí abajo y el chico estaba arriba. El hijo de puta ese me dijo allá viene Bernardo. Yo le dije: "¿tú quién eres?"».

–¿Tú le dices el chico. Cuántos años tendría esa persona?

«Por ahí unos 34».

–¿Había más gente?

«No. Estaba solo el muchacho. El portero estaba atrás botando la caja. Yo salí corriendo, me empezó a arder mucho».

–¿Cuándo tú ibas para la Clínica Reina Sofía le dijiste a tu mamá que le dijera a Lina que tuviera cuidado con un sujeto y mencionaste el nombre. ¿Sí recuerdas? ¿Por qué dijiste eso?

«De pronto. Porque nos había amenazado a las dos».

–¿Tú sospechas en este momento de alguien que te pudiera hacer daño?

«¿Ustedes?».

–Estamos trabajando en eso Natalia. Estamos trabajando con toda la información que nos ha suministrado la familia. Queríamos que tus nos dijeras si reconocías o si sabías quién era la persona que te arrojó el ácido. ¿Tú estarías en capacidad de realizar un retrato hablado?

«No muy bien. Estaba muy tapado, tenía capucha, capota».

–¿Alguna vez te habían amenazado en redes sociales?

No. Nunca.

–¿Natalia, no sé hasta qué punto puedas firmar?

«Terrible. Me volvió mierda. Por qué venden esas cosas».

Ese día, los investigadores le mostraron a Natalia las fotos de los dos sospechosos del ataque: «Las personas de la Dijín fueron superrespetuosas. Intenté abrir los ojos lo más que pude y reconocí a una de las personas», recuerda.

Otra de las evidencias que recaudaron los investigadores fue la entrevista con el arquitecto manizalita Bernardo Londoño Escobar, exnovio de Natalia y cuyo nombre fue usado como señuelo por el agresor para que ella accediera a salir a la portería el día del ataque. En su declaración, leída en audiencia pública ante el juez del caso, Londoño se refirió directamente al sujeto luego de saber que Natalia lo había mencionado. Y así lo reiteró en calidad de testigo durante el inicio del juicio.

> Yo lo conocí cerca al año 2000 (…) por Sergio G. con quien yo montaba patineta en la parte de atrás del Centro Comercial Hacienda Santa Bárbara, en Bogotá. Ahí, con el tiempo, es que empezamos a conocerlo un poco, que era amigo de Mario, hermano de Sergio (…). Siempre ha sido de los más cafrecitos, nos querían robar la tabla y recuerdo que consumía éxtasis, cocaína y licor (…). Lina Parra y Natalia siempre comentaban que no entendían por qué esta persona las molestaba tanto, las jodía (…). Siempre que Natalia se encontraba con él, esta persona trataba de molestarla, de insultarla. Natalia me contó que tuvieron un inconveniente con los perros. El perro de Natalia, que era un labrador, se peleó con el de él, empezaron a pelear y los insultos fueron y vinieron (…). Él conocía a Natalia por un vínculo mío, teniendo en cuenta que en esa época ella y yo éramos novios (…) era un vínculo triangulado (…). Yo tengo un bar en el norte de Bogotá y creo que un día me lo encontré. Lo confundí con otra persona, le dije otro nombre. Luego le dije: «¡Quiubo negro¡», como le decía Sergio en esa época, y como que se molestó un poco a lo cual yo me retiré haciendo caso omiso a una persona con unos tragos en la cabeza. Desde ese día no lo he vuelto a ver porque no lo tengo en los contactos de celular ni en Facebook. Eso fue hace aproximadamente tres años (…) –le dijo Londoño a la Fiscalía el primero de abril de 2014 y lo repitió ante un juez la primera semana de marzo de 2015–.

Bernardo Londoño añadió que era evidente que el agresor conocía a su exnovia de mucho tiempo atrás y que sabía tres datos clave: la relación que sostuvieron, que él era una persona de total confianza de Natalia y que usando su nombre lograría que ella saliera hasta la portería del edificio donde la atacó.

Waldo Castaño Herrera, el vigilante de turno del conjunto Palos Verdes, donde ocurrieron los hechos, también testificó ante las autoridades. Castaño, de 54 años, entregó las características físicas del agresor para que el experto de la Policía Julián Yesid Arias Galindo elaborara un retrato hablado. Castaño contó que esa tarde él estaba rociando el jardín del conjunto residencial cuando apareció de la nada una sombra.

> Yo escucho cuando un tipo me dice: «¡Buenas¡». Yo le respondo: «Buenas», y giro y veo a un tipo con una chaqueta azul con capota. La tenía puesta, era trigueño oscuro, no tan blanco. Carón, es decir, con cachetes, labios gruesos. Traía un tarro blanco en la mano. Buzo azul manga larga. Le digo: «A la orden». y me dice que necesita a Natalia Ponce de León. Cuando le digo que de parte de quién me dice que de Bernardo Londoño. Yo voy, lo anuncio por teléfono y me contesta doña July, ella me pasa a la hija y me dice que siga. Le pregunté que si lo conocía y me dijo: «Ya salgo», y me

recibe una caja que voy a sacar con unas bolsas. Se demoró dos minutos en salir, cuando llegó a la portería y se mira con el tipo, él le dice: «¡Hola, Natalia¡» y ella le dice: «¡Hola¡». Yo le abro la puerta a ella, le recibo la caja con las bolsas plásticas y sigo hacia el cuarto de la basura. Ella le pregunta al tipo que dónde está Bernardo y él le contesta que ya viene. Es cuando ella grita: «¡Auxilio, me quemo!» Yo volteo y me vengo detrás de ella y le digo, qué le pasó y me responde que no ve y llama a la mamá. Yo llamo gritando a doña July diciendo que a Natalia le habían echado algo. Ella sale y Natalia entra rápido y se iba quitando el saco de lana negro y doña July sale gritando: «¡Ayuda¡» Sale la señora Lilian Rubio, que vive en la casa 6 a colaborarle, a ayudarle a desvestirse. Me devuelvo, salgo a mirar la calle y el tipo iba ya como a cincuenta metros. Va corriendo hacia la parte del sur, hacia el costado derecho. Yo entro, cierro y espero en la portería. A los cinco minutos sacan a Natalia la mamá y el esposo de la señora Lilian, el señor Jaime, y la llevan a la clínica —contó Castaño, testigo de excepción dentro del juicio por ser el único que pudo ver y describir el rostro del agresor–.

Para ese momento ya había aparecido una prueba clave: la factura de compra del ácido sulfúrico que el principal sospechoso hizo el 6 de diciembre de 2013. Para llegar a ella, el investigador Édgar Cárdenas Guerrero, adscrito a la Sijín, decidió rastrear todas las compras que se habían hecho de ácido sulfúrico en el último año y les solicitó a los 34 almacenes que comercializan al menudeo el agente químico en Bogotá que buscaran el nombre de los dos sospechosos que se tenían hasta ese momento, y, entonces, apareció el mismo sujeto al que los Ponce de León, incluida la víctima, se habían referido de manera insistente.

Según el documento, pagó 12 mil pesos por el galón de ácido sulfúrico. El vendedor le exigió que entregara sus datos personales para diligenciar la factura de venta número 132674, como lo ordena la ley, y estos datos coincidían con los del principal sospechoso y con los que dio Sandra, la informante.

Tres peritazgos concluyeron que la sustancia que quemó a Natalia es la misma que aparece en la factura de compra expedida el 6 diciembre de 2013, cuyo teléfono, dirección y cédula encajaron con los del sospechoso. Además, paramédicos del Centro Regulador de Urgencias y Emergencias (Crue), de la Secretaría de Salud de Bogotá, que acudieron a los llamados de auxilio de Julia Gutiérrez de Piñeres, encontraron el envase usado para transportar el ácido: «Un recipiente plástico el cual tiene un logotipo color verde que dice: "Manitoba Harvest Organic Hemp Pro"».

El envase, de dieciocho centímetros de altura por nueve centímetros de diámetro, tenía en el fondo parte de la sustancia arrojada dos veces a Natalia y cuyos residuos también fueron recogidos por el perito de la Sijín Hernán Camilo Roa en el jardín y en el piso del conjunto donde fue atacada. Tres mililitros de la sustancia, obtenida del recipiente, fueron suficientes para corroborar que era exactamente el mismo agente químico.

«En las tres muestras analizadas (jardín, piso y ropa) se encontró presencia de ácido sulfúrico. El valor del ph obtenido con ellas (1 en todos los casos), indica que se trata de ácido concentrado. Este producto es altamente corrosivo. Su contacto con la piel produce quemaduras severas», dice el informe pericial firmado por Jairo Peláez Rincón, profesional forense de Medicina Legal, que se lo envió a la Fiscalía como prueba del ataque.[6]

Y aunque la Dirección Técnica de TransMilenio había informado que en las cámaras de la Estación Pepe Sierra (la más cercana a la casa de la madre de Natalia) no había encontrado registro fílmico alguno de la presencia del sospechoso, en la Estación de la 127 sí quedó su rastro. Y los investigadores de la Sijín tenían en su poder cinco videos más, obtenidos en cámaras de edificios y conjuntos privados, en todas se veía al hombre de la capucha y la gorra, acercándose a la vivienda de la víctima con el tarro blanco en su mano derecha. Con esas grabaciones se reconstruyó, segundo a segundo, el recorrido que hizo el atacante hasta que llegó a su objetivo y, a los pocos segundos, huyó corriendo del lugar.

---

6   Informe pericial de Laboratorio DRB-GET-316589-2014, Instituto de Medicina Legal y Ciencias Forenses, marzo 28 de 2014.

A las 5:09:30 p.m., el agresor pasó por la calle 122 con carrera 47, con el envase blanco, y fue captado por la cámara del edificio Santa Ana. Luego, lo tomaron los equipos del edificio California, los del Miratto, los del Río Nima III y los de El Tibar. También quedó su imagen nítida en las cámaras de la torre Zentay y en las del Centro Empresarial GPR. Con esas imágenes, la Oficina de Audiovisuales de la Sijín empezó a hacer un análisis cuadro a cuadro, obtuvo una secuencia cronológica exacta y estableció que el principal sospechoso del ataque con ácido estaba viviendo a menos de diez cuadras de donde la cámara de video número uno lo captó por primera vez.

La evidencia llevó a la Policía a desechar el retrato hablado que habían elaborado y ordenó imprimir carteles con una foto de su rostro, en los que se ofrecía una recompensa de setenta millones por información sobre su paradero.

> Mientras Natalia luchaba por su vida, iniciamos una carrera contra el tiempo. La prensa cumplió un papel fundamental: gracias al despliegue mediático, el ataque adquirió incluso relevancia internacional, y, por cuenta de los titulares, la Policía, la Fiscalía General de la Nación, el Ministro de Defensa y hasta el Presidente de la República, Juan Manuel Santos Calderón, se apersonaron del asunto. Ofrecieron una recompensa inicial que, cuando fue anunciada y por lo irrisorio del valor, inmediatamente procedí a aumentarla a *motu proprio*. No me importaba sacar ese dinero de mi propio bolsillo, si era preciso, con tal de ver tras las rejas al culpable de la desgracia

de Natalia. El Gobierno mordió el anzuelo, como en una subasta: con mi puja por la recompensa, hice indirectamente que las autoridades la fueran aumentando hasta que la cifra resultó aceptable. Con dictamen médico en mano, procedí a llamar a varios directores de medios para ponerles de presente que el ataque a Natalia, lejos de ser unas simples lesiones personales, eran un intento de homicidio, ya que, efectivamente, su vida estuvo en riesgo –dice Abelardo de La Espriella–.

El cartel, las noticias y la recompensa hicieron su tarea: ejercieron presión sobre las autoridades, el victimario y sobre Sandra, la informante.

Un día después de que los medios de comunicación publicaron en todas sus ediciones el cartel de «Se busca» con la foto del principal sospechoso, la Policía informó que, al parecer, este alcanzó a llamar a la línea de emergencia 123 a ofrecer que se entregaría a cambio de una rebaja de la pena. Las autoridades ya le estaban respirando en la nuca y se sentía presionado. Pero colgó abruptamente el teléfono y optó por cambiar su aspecto, cortándose la melena crespa que tenía y la barba de un par de semanas.

Para los investigadores judiciales, las piezas siguieron encajando y la Fiscalía las consideró suficientes para aprobar la solicitud de que el principal sospechoso fuera capturado de manera inmediata y puesto a disposición de la justicia.

Lo siguiente es lo que se lee en un informe confidencial que la Sijín elaboró dentro del caso y que le sirvió para sustentar la orden de allanamiento y registro de la casa y la de captura por homicidio agravado en la modalidad de tentativa:

> *Teniendo en cuenta las afirmaciones hechas por los familiares y por la misma víctima, que tienen a un sospechoso de esta conducta, se verificó el comprobador de derechos y se estableció que aparece afiliado a la EPS Sánitas. Mediante oficio, se le solicitó a esa entidad los datos biográficos y de ubicación que reposan en sus archivos, obteniendo la dirección y teléfono de su residencia, su celular y su cédula (…) Mediante labores de vecindario, se logró (sic) que reside en ese inmueble. Al indagar por su descripción física, se ajusta a la imagen del video. También se estableció que el sospechoso conoce la relación que existió en una época entre Natalia Ponce de León y Bernardo Londoño y sabe de la ubicación de la casa materna.*

Los datos de Sandra y el trabajo de la Sijín permitieron ubicar rápidamente su lugar de residencia, visitar el sector, conocer su rutina y planear el arresto. El operativo de allanamiento a su casa y captura se ejecutó el 4 de abril de 2014, ocho días después del ataque, a las cinco y veinte de la tarde, la misma hora en la que Natalia recibió en su cuerpo el ácido sulfúrico que destruyó su cara y parte de sus extremidades. Cuando la Policía ingresó al apartamento, Natalia se encontraba en la sala de cirugías del Hospital Simón Bolívar en su tercera cirugía. Ese día, el médico Jorge Luis Gaviria la estaba sometiendo a una nueva limpieza quirúrgica, con dermátomo y dermabrasión mecánica con lija, en las áreas muertas nuevas y residuales que el ácido seguía causando. Para hacer ese procedimiento le quitó la piel de donantes fallecidos que usó en las primeras cirugías y la cubrió de nuevo con 1.767 centímetros cuadrados de homoinjertos frescos.

Aunque ella ignoraba lo que estaba sucediendo afuera, sus hermanos seguían paso a paso el procedimiento de allanamiento y captura desde una oficina de la Sijín. Un oficial de alto rango estaba a cargo del operativo y había optado por ocultarles los pormenores para que no se filtrara la información a la prensa, argumentando que «los civiles suelen ser muy indiscretos». Pero el uniformado no pudo evitar soltar un par de lágrimas cuando supo que ya tenían al hombre que le había destrozado el rostro a Natalia y que había cumplido con su deber.

La mañana de la captura había una multitudinaria manifestación, en el parque El Virrey en el norte de Bogotá, de la ciudadanía indig-

nada por lo que le ocurrió a Natalia. Busqué entre la gente a Julia, la madre de Natalia, y le dije que ya teníamos al agresor ubicado y que su detención era cuestión de horas. Me abrazó y lloró sobre mi hombro. Le había cumplido la promesa que le hice días antes. Me sentí reconfortado –cuenta el abogado De la Espriella–.

Se ingresa hasta la puerta de apartamento 102, donde se encuentra una ventana de techo a piso por donde se asoma una persona de sexo masculino a quien se le informa que somos de la Policía Nacional, de la Sijín, que veníamos a realizar una diligencia de allanamiento. El sujeto, sin abrir la puerta, dijo que iba a llamar al 123, para llamar a la Policía. Una vez abre la puerta, siendo las 5:35 aproximadamente, dice que es la persona a la que buscamos y que se encuentra indocumentado. En ese momento se le notificaron sus derechos que tiene como capturado. Trascurridos 10 minutos llegan los tíos del señor. Se les explica el motivo de la presencia en el lugar y se les da a conocer la orden de captura emanada por el Juzgado 58 penal municipal con función de control de garantías, por el delito de homicidio agravado en grado de tentativa.

El operativo fue apoyado por el laboratorio de criminalística Mercurio 25, al mando del Subintendente Iván Zapata Beltrán. Los investigadores contactaron telefónicamente al fiscal del caso, Édgar Malagón Fajardo, para informarle el inicio del operativo y, además, para decirle que el señalado agresor tenía varias laceraciones en las manos, las cuales fueron fotografiadas cuidadosamente. Al final de la diligencia se llevaron al sospechoso y dos de sus agendas en las que hay anotaciones y dibujos hechos por él.

El hombre fue trasladado a la Unidad de Reacción Inmediata (URI) de Puente Aranda, centro de la capital, en donde se sometió a una valoración médico-legal que concluyó que se movilizaba por sus propios medios, estaba orientado en persona, tiempo y espacio, y actuaba atento y colaborador. Además, no presentaba alteraciones del lenguaje ni de sus movimientos.

Ese examen también arrojó un resultado adicional clave: «En los miembros superiores (registra) lesiones leves a nivel dorso de mano derecha y dos a nivel dorso de muñeca izquierda que relaciona con: "Me quemé con ácido sulfúrico hace ocho días"».

A las ocho y cincuenta de ese día, Medicina Legal le practicó otro examen en el que él mismo confesó que era consumidor de heroína e insistió en que estaba en un tratamiento siquiátrico porque sufría de esquizofrenia paranoide auditiva. Durante esa revisión se le vio tranquilo. Pero su aspecto y ánimo cambiaron cuando entró al calabozo y los otros presos lo reconocieron y empezaron a gritarles a los guardias que lo encerraran con ellos.

La legalización de la captura, la mañana del sábado 5 de abril, fue complicada. Los medios de comunicación estaban agolpados a la salida del juzgado y él llegó a las 9 de la mañana, con chaleco antibalas y casco, temiendo que la reacción en cadena que hubo en las redes por el ataque a Natalia se materializara cuando el país conociera el rostro del victimario. Además, la Policía tuvo roces con la defensora de oficio que le asignó la Defensoría del Pueblo, quien llegó acompañada de otra persona e intentó grabar su primer encuentro con el «Monstruo del Batán», como le empezaron a llamar en redes sociales al señalado agresor.

La defensora pidió un momento a solas con él, que se convirtió en cinco interminables horas. A las dos de la tarde, el juez abrió oficialmente la audiencia. De la Espriella fue el primero en enfrentar la mirada del sospechoso y le advirtió que iba a acabar judicialmente con él.

> En la fría sala de audiencias del complejo judicial de Paloquemao, frente al país, la justicia y la familia de la víctima, un imperturbable hombre escuchó la imputación de cargos: tentativa de homicidio. Era la primera vez que en la historia judicial de Colombia ocurría algo así: hasta ese día, cuando se hablaba de ataques con ácido, la conducta se remitía inmediatamente al delito de lesiones personales. Fue un gran triunfo que marcó un hito y un derrotero que difícilmente podrá desconocerse hacia el futuro. La audiencia fue tensa y fuerte. La abogada de oficio asignada resultó ser una tigresa, con la que tuve que batirme por cerca de doce horas. Mientras escuchábamos la intervención de la Procuraduría, el sujeto le hizo

una mueca de burla a la madre de Natalia, que se encontraba a mi lado. Ante semejante desfachatez, perdí los estribos y me abalancé sobre él para darle su merecido. Afortunadamente, la Policía y mis escoltas evitaron que eso ocurriera. No me da pena reconocerlo: ese día quería tomar la justicia en mis manos; no es lo correcto, pero fue lo que sentí –admite Abelardo de la Espriella–.

Tras el choque con los investigadores de la Policía y con el abogado de la familia, la defensora pidió que se declarara ilegal la captura del sospechoso. En una extensa intervención hizo varias críticas al procedimiento de detención, entre otras, que se incautaron bienes (los cuadernos con dibujos y anotaciones) y no se pidió su legalización, que no se descubrió el nombre de la fuente humana no formal que suministró la dirección del sospechoso y que, al parecer, esos datos estaban errados. También manifestó que los informes de Policía Judicial no eran claros y que a la hora del allanamiento no se contó con la presencia de un agente del Ministerio Público… Por todo esto, pidió la libertad inmediata del sujeto.

Juan Carlos, el hermano mayor de Natalia estuvo presente durante toda la audiencia y admite que pensó «120 formas de tomar venganza» allí mismo, antes de entender que debía dejar actuar a la justicia. Mientras escuchaba cómo pedían que el agresor de Natalia quedara libre, lo contactó visualmente y asegura que vio que el hombre sonrió mientras el fiscal del caso narraba cómo había quemado a su hermana.

De la Espriella calificó de despiadado el actuar del sujeto y pidió que se le impusiera de inmediato medida de aseguramiento. Argumentó durante 45 minutos que era evidente que podía proceder de la misma forma con otras personas y, además, huir de la justicia, teniendo en cuenta que ya se había escondido durante los días posteriores al ataque y que pretendió hacer cambios en su apariencia física para no ser identificado con el retrato hablado y con los carteles de «Se busca».

> Fue difícil verlo, tener tan cerca a una persona que es capaz de hacer tanto daño. Al principio se ocultaba detrás de los muros, luego salió con una mirada desafiante y hasta se paró a fumar cerca de una ventana. Durante las catorce horas de la audiencia estuvo atento y asentaba con la cabeza todo lo que decía su defensa. Estaba tranquilo, frío. Incluso, mantuvo la calma cuando admitió que había atacado a Natalia pero que no aceptaba el cargo de tentativa de homicidio —recuerda Daniel Arenas—.

Ya a la madrugada, en un último intento, la defensa pidió que se abstuvieran de imponerle medida de aseguramiento, teniendo en cuenta que no pertenece a ninguna organización criminal, no registra antecedentes que hubieran generado una condena anterior y no estaba demostrado el peligro que representaba para la comunidad ni el hecho de que fuera a evadir la comparecencia ante la justicia. A pesar de los alegatos de la defensora, el juez declaró legal tanto la captura del hombre como el allanamiento a su vivienda familiar y calificó de suficiente la evidencia para ordenarlos. También dejó claro que no hubo excesos de los miembros de la Policía que ejecutaron el operativo ni violaciones a sus derechos fundamentales por parte de la Fiscalía General. Además, que era urgente ponerlo de cara a la justicia.

«Las críticas de la defensa no están llamadas a prosperar porque ellas denotan simplemente errores de forma, no de fondo como fue la falta de la firma del fiscal en la orden, pues él ya confirmó que sí dio esa instrucción», dijo el juez. Y añadió que los errores de digitalización en la dirección del inmueble allanado se superaron con las fotos en los que consta que era el correcto y que allí se encontró al sospechoso, «quien fue capturado, respetándosele sus derechos y sin desbordes al orden legal». Y fue aún más allá. Antes de dictarle medida de aseguramiento, el juez llamó la atención de la gravedad de su conducta y del peligro que representa para la sociedad y especialmente para Natalia Ponce de León. Por eso, se ordenó enviarlo a la cárcel La Picota.

La audiencia culminó a las cuatro de la mañana, mientras Natalia se recuperaba de la cirugía en el área de Cuidados Intensivos del Simón Bolívar.

El 9 de abril, cuatro días después de su captura, el sospechoso decidió prescindir de la abogada de oficio y nombró como apoderado a Antonio Luis González Navarro, exfiscal y profesor de derecho penal en varias universidades.

«Confiero poder amplio y suficiente al doctor Antonio Luis González Navarro para que ejerza mi defensa técnica en la actuación penal que se me adelanta por una presunta conducta punible contra la vida y la integridad personal», escribió en un poder que lleva su nombre y huella. Y, desde entonces, empezó a negarse a ser valorado psicológica y siquiátricamente.

«Me permito manifestarle a usted, en calidad de defensor técnico del acusado y acorde a la voluntad de este último lo siguiente: me ha manifestado que no es su deseo ni voluntad asistir al Instituto Nacional de Medicina Legal ni a ningún otro organismo público o privado para exámenes médicos y/o siquiátricos en su humanidad», se lee en un oficio que González le envió el 22 de septiembre de 2014 al fiscal del caso. Y en esta mostró la carta para librar a su cliente de una condena por la agresión física contra Natalia Ponce de León.

En la audiencia preparatoria, el nuevo abogado expuso su teoría del caso. Para el togado, su cliente es inimputable. Y para justificar y validar su postura, aportó la historia clínica del acusado, que habla de episodios de esquizofrenia y temporadas de internación en centros para tratar trastornos mentales. Desde un principio supe que la defensa se iría por esa vía y así lo advertí en mis intervenciones públicas y procesales. Nada más alejado de la realidad: una persona que premedita un ataque, compra el ácido, lo mezcla con pegante, acecha a su víctima durante meses, al momento de la agresión oculta su identidad, y posteriormente se da a la fuga, es obvio que actúa consciente de su actuar. No hay que ser siquiatra para llegar a esa conclusión. Un enajenado mental de verdad sale a la calle y atenta contra el primero que encuentre —asegura el penalista De la Espriella—.

El principal alegato de González, autor de más de una decena de libros sobre el sistema penal acusatorio, es que su cliente clasifica entre los inimputables, o personas incapacitadas para comprender la ilicitud del hecho que cometieron por padecer un trastorno mental. La idea de esa teoría jurídica es impedir que su cliente vaya preso y a cambio, se le interne en un establecimiento psiquiátrico o en una clínica; incluso podría lograr libertad vigilada.

«La inimputabilidad planteada por el defensor está respaldada en dictámenes científicos, los cuales se pueden debatir por el Estado en el juicio», le dijo González al fiscal. Y, de manera paralela, salió a los medios de comunicación a declarar que once historias clínicas y el concepto de 38 médicos, dan fe de que su cliente sufre de trastorno mental. Y agrega que su cliente tiene derecho a guardar silencio y a no incriminarse, aunque ya admitió que fue él quien lanzó el ácido contra Natalia con el propósito de marcarla para siempre.

González accedió a responder siete preguntas sobre el caso.

Pero para la Fiscalía y para la defensa de Natalia es claro que son las autoridades que la ley señala y no dictámenes privados, las que deben establecer las supuestas condiciones de imputabilidad de cualquier sospechoso de este tipo de agresiones. Y la única entidad idónea para esa certificación es el Departamento de Psiquiatría Forense del Instituto de Medicina Legal y Ciencias Forenses.

«Es imposible pretender que un examen médico particular pueda obviar la jerarquía y la seguridad que tiene el concepto médico legal del Instituto, por lo cual es necesario la práctica de dicho examen», ha alegado el penalista De la Espriella.

Y para él resulta evidente que el señalado atacante de Natalia actuó de manera fría y consciente meses antes y días después de los hechos. Además, dice el penalista, que todo lo planeó de manera milimétrica durante al menos tres meses. A eso se une el hecho de que tuvo la capacidad de urdir un plan para que ella saliera a la portería, usando el nombre de uno de sus exnovios. Y fue tan consciente del daño que ocasionó, que llamó al 123 a proponer que le hicieran una rebaja de la pena si se entregaba y luego de arrepentirse de su sometimiento, tomó la decisión de cambiar su aspecto y de esconderse.

Para la defensa de Natalia, elegir, entre 34, un local donde vendieran ácido sulfúrico, almacenarlo por tres meses y establecer la hora exacta en la que Natalia estaba en su casa materna para atacarla, no parecería propio de una persona fuera de sí. Como tampoco el hecho de ocultar su rostro con una cachucha y huir del lugar.

> Los agresores, por lo general, planean cuidadosamente el delito y el momento del ataque. Es lógico pensar que el agresor conoce la enorme capacidad lesiva de estas sustancias y su objetivo es causar un sufrimiento permanente y prolongado en sus víctimas, debido a las severas deformidades por lo general en cara y manos con algún grado de limitación funcional y afectación sicológica que casi nunca es superada. A esta situación se le suma el rechazo de la sociedad, no consiguen ninguna actividad laboral digna y sobre todo, están sometidas a recibir un sinnúmero de procedimientos

quirúrgicos durante muchos años —explican tres especialistas, entre ellos Jorge Luis Gaviria, el cirujano de Natalia—.[7]

Y Juan Carlos, el hermano mayor de Natalia, agrega que el señalado agresor debe permanecer en una cárcel y que «el país no puede permitir que este tipo de personas termine en un cuarto de la Clínica Monserrat con vista al campo de golf del club El Country».

El representante del Ministerio Público ha respaldado verbalmente y por escrito la postura de que el señalado agresor de Natalia debe ser sometido a una valoración por parte de Medicina Legal para establecer su estado mental. Y para sustentar esa tesis jurídica, el abogado de la familia ha anexado abundante jurisprudencia al expediente, entre la que se cuentan varias sentencias de la Corte Constitucional en las que se establece que si alguien se niega a que se le practique un registro corporal, «dicha negativa no puede impedir su práctica si ya ha sido autorizada por un juez». Y en el caso Ponce de León esto ya ocurrió.

Inicialmente, en octubre de 2014, el juez 37 de conocimiento negó la posibilidad de que al sospechoso se le

---

[7] Gaviria Castellanos Jorge Luis, Gómez Ortega Viviana e Insuasty Mora Raúl. «Agresiones con químicos en Colombia, un problema social». Revista Colombiana de Cirugía Plástica y Reconstructiva, junio de 2014, volumen 20.

practicara ese examen mental por parte de peritos judiciales, argumentando que tenía derecho a no autoincriminarse. Pero el martes 28 de enero de 2015, cuando Natalia estaba a punto de ingresar por décimasegunda vez al quirófano, el Tribunal Superior de Bogotá revocó esa decisión.

En una providencia de nueve páginas, los magistrados Dagoberto Hernández Peña, Orlando Muñoz Neira y Hermens Darío Lara Acuña, de la sala de decisión del alto tribunal, analizaron la necesidad de que se sometiera a un examen mental para establecer si es cierto o no que se trata de un inimputable y concluyeron que dicha valoración es jurídicamente indispensable.

«No hay duda que se hace necesaria la verificación del tópico a fin de evitar el exabrupto que puede resultar de condenar como imputable a un inimputable, dadas las consecuencias disímiles que en punto del fallo y sus efectos tienen ambas condiciones», dice el fallo. Y agrega que, independientemente de la definición de responsabilidad penal, no es lo mismo que se aplique una pena al acusado cuyas funciones son de prevención general, retribución justa, prevención especial, reinserción social y protección al condenado, a que se ordene una medida de seguridad, «pues estas tienen como funciones las de protección, curación, tutela y rehabilitación, precisamente porque se parte de la existencia de una enfermedad o trastorno, incidentes definitivamente en la comisión del delito, que demandan atención para superarla y protección para el procesado».

Bajo esas consideraciones legales, y luego de advertir que al único que le corresponde establecer la calidad de inimputable de un procesado en Colombia es a los funcionarios judiciales, se ordenó que el señalado agresor se someta a un análisis mental por parte de expertos de Medicina Legal.

También se dio vía libre para que la defensa llevara al estrado a un experto en trastornos mentales: el elegido fue Ricardo Mora Izquierdo, profesor de Medicina Legal en la Facultad de Medicina de la Universidad Nacional y exdirector del Instituto Nacional de Medicina Legal y Ciencias Forenses de Colombia.

El abogado De la Espriella alcanzó a contarle a Natalia la decisión de Tribunal Superior de Bogotá antes de que entrara a cirugía y fue evidente su alivio cuando escuchó la noticia. Sin embargo, una semana después, el 9 de febrero, tuvo que volver al quirófano porque los injertos no pegaron en su totalidad, aunque el Glayderm empató milimétricamente en su rostro.

Estamos *ad portas* del juicio. Mientras ella batalla en el quirófano nosotros buscamos que se produzca un precedente lo suficientemente contundente como para que aquellos que piensen recorrer los pasos del agresor de Natalia, violentando a mujeres indefensas, lo consideren dos veces antes de ejecutar tan siniestro proceder. No voy a descansar hasta que el «Monstruo del Batán» pague con creces todo el daño que ha causado –asegura De la Espriella–.

Aún nadie sabe cuál será la teoría jurídica que prime en este caso pero lo que sí está claro es que no afectará la voluntad de Natalia de recuperarse en cuerpo y alma.

La deuda

Apreciado doctor Gaviria:

Por medio del presente documento me gustaría expresar y exponer algunos puntos que considero importantes para mejorar nuestro sistema de salud y justicia respecto a los ataques con ácido que hemos sufrido mujeres y hombres.

Yo, Natalia Ponce de León, fui víctima de un ataque con ácido sulfúrico el día 27 de marzo de 2014. Sobre las 5:45 p.m. me encontraba trabajando en la casa de mi madre, ubicada en la calle 122 con Autopista Norte, cuando recibí una llamada del portero diciendo que Bernardo Londoño, un exnovio mío, pasaba a visitarme. Aunque se me hizo extraña dicha visita y estuve a punto de hacerlo seguir a mi casa decidí salir debido a que tenía que tirar una caja en la basura. Desde este momento en adelante me encontré con los siguientes puntos que tal vez hubieran podido ayudar a evitar este trágico acto o por lo menos para que en casos futuros se puedan prevenir.

Como primer error encontré que el portero tenía las dos puertas abiertas completamente. No tuvo ninguna precaución, anunció al agresor sin tener una clara imagen de su rostro y sin pedirle algún tipo de documento para verificar su identidad. Creo que estos porteros o vigilantes deben estar preparados y entrenados con un mínimo de conocimiento para poder brindar la seguridad necesaria a las casas y a las personas que habitan en ellas.

Al sentir ese extraño líquido en mi cara y cuerpo entendí instantáneamente que se trataba de un agente químico. Mi ropa se comenzó a deshacer, mi cara se comenzó a hinchar, sentía que perdía la vista. Al no saber cómo actuar decidí meterme durante una fracción de segundos en la ducha. Es importante que desde pequeños recibamos información de primeros auxilios. Que mediante la educación sepamos cómo reaccionar ante los diferentes tipos de quemaduras que puede haber, desde agentes químicos, fuego, alcohol, hasta electricidad. En mi caso, de haber tenido los conocimientos necesarios, hubiera podido no hacerme tanto daño, nunca supe si la forma y los chorros de la ducha en los que me sumergí me ayudaron o por el contrario hicieron que el ácido se me introdujera más en la piel. A la Clínica Reina Sofía llegué al área de urgencias corriendo y gritando que me habían quemado con ácido y que me estaba quedando ciega, que por favor me salvaran la vida. Lo primero que hicieron fue entrarme a un cuarto donde me lavaron la cara con solución salina mientras ellos llamaban a alguien que tuviera conocimiento de cómo atender a personas quemadas con ácido (…). Tan solo unos pocos hospitales en toda Colombia tienen experiencia con pacientes quemados. Estamos hablando de una cifra que no supera los cinco hospitales. Debemos tener en cuenta que, desafortunadamente, en la actualidad Colombia se encuentra entre los primeros puestos, presentando una gran cantidad de casos de gente quemada con agentes químicos. ¿A dónde nos llevará esto si no tenemos las soluciones necesarias?

(…) La ambulancia que me trasladó de la Clínica Reina Sofía al Hospital Simón Bolívar tardó cuatro horas y media en presentarse (…). Me pregunto cuánto de mi piel se hubiera podido salvar si en esas tres horas que estuve en una cama me hubieran hecho los procedimientos que me hicieron en el Hospital Simón Bolívar (…). Es una lástima que la falta de recursos impida que estas instituciones puedan ofrecer un servicio como el que la gente se merece y como el que sus médicos, enfermeras y demás trabajadores quisieran brindar. Después de algunas horas de lavado y procedimientos para mejorar la piel, seguía con un problema en mi ojo derecho. La oftalmóloga encargada decía que estaba comprometido. Desafortunadamente no había Terramicina en el Hospital Simón Bolívar, razón por la cual tuvimos que ir a la farmacia del Hospital Cardioinfantil y adquirirla. De nuevo pregunto, ¿cómo hacen las demás personas que no tienen dinero en su bolsillo o un medio de transporte para poder solucionar un tema así, a altas horas de la noche?

Durante mi estadía en la Unidad de Cuidados Intensivos se repetía mucho esta situación. Es triste que el primer hospital de Colombia en tratar a gente quemada no cumpla con los requisitos necesarios. No hay el suficiente alimento, como las proteínas, los Ensures, el agua, jugos, al igual que medios de limpieza para las víctimas como papel higiénico, pañales, paños húmedos, gotas para los ojos, cremas para la piel y cosas tan simples como falta de sábanas para las camas o gorros y guantes para que la gente disponga cuando hace las visitas a las víctimas. Considero que el Estado y el Gobierno deben estar más pendientes de esta cruda realidad, proteger a las instituciones que diariamente salvan miles de vidas dotándolas con los medios necesarios para que puedan proceder. Obligar a las universidades a que nuestros futuros médicos y enfermeras sepan cuáles son los procedimientos convenientes a realizar cuando se presenten víctimas quemadas, esto es un requisito que deben tener todas las personas sin importar la región o el tipo de hospital que sea. Hablamos de un tema que cada día cobra más víctimas y que se puede denominar como una «muerte en vida».

Desde el día que salí del hospital hasta el día de hoy me he encontrado con una cantidad de problemas que pueden ser muy fáciles de evitar si el Gobierno estuviera más pendiente y presionara para que las empresas e instituciones funcionen de la manera correcta.

Quiero resaltar que soy consciente de que mi caso de cierta forma ha sido privilegiado y que he contado con más cosas que el común de la gente. Aun así soy víctima del mal manejo y de la poca importancia que se le da a este tema de gente quemada con agentes químicos. Todos los casos deben ser iguales, el Gobierno y las instituciones deben prestar el mismo cuidado a todos los ciudadanos, sin importar su religión, su estrato social o su raza.

Todas las cirugías y procedimientos que necesitamos deben ser sacados del tema «cirugía estética». Muchas personas han sido víctimas de este cruel calificativo y por esta razón al no poder ser debidamente intervenidas no han podido, y lo que es peor, no podrán recuperar ni su vida, ni su identidad. En mi caso en particular, el cual es «privilegiado», me encontré con que la EPS no me entrega las medicinas que necesito. Se ha tenido que argumentar con varias personas para que hagan entrega de dichas medicinas como si me estuvieran haciendo un favor. Al ser entregadas las medicinas se encuentra uno con que no dan la cantidad autorizada y solicitada por los médicos, simplemente porque la persona encargada no quiere. No se hace entrega de las medicinas que son de vital importancia porque la persona encargada dice que al doctor le faltó un punto o una coma en la fórmula. La niegan sin importar que el paciente la esté necesitando para poder vivir.

(…) Fui enviada a un psiquiatra el cual me dio una cita a una hora establecida. Me presenté en compañía de mi hermano a la hora puntual, pero la secretaria del doctor simplemente sacó una lista de pacientes que estaban aún pendientes de ser atendidos y me dijo, ¡siéntese y espere!, sin importar que la lista de personas superara las veinte y que toda la gente me mirara la cara. Es decir, con la cara totalmente herida, llena de contracciones en las cicatrices de mi piel, con molestias en los ojos y con la posibilidad de adquirir cualquier infección fui atendida como si se tratara de una persona que se acaba de raspar una rodilla. Como es lógico, no entré (…). En el tema de las fisioterapias que son clave para la gente quemada con ácido, somos enviados a donde cualquier fisioterapeuta que no tiene experiencia con quemados. En mi caso logramos hacerlo con una persona preparada, pero de nuevo pregunto: ¿cómo hacen las demás víctimas? Y ¿cómo envían a la gente a donde cualquier persona que no tiene la experiencia de este tipo para tratarlas?

Después de intentar durante mucho tiempo que se entendiera que una persona quemada tiene muchas limitaciones, finalmente autorizaron en mi caso la compañía de una enfermera. Pero, desde hace dos meses han pasado por mi casa varias «enfermeras» por estas razones:

-Algunas son de dieciocho años, que en ningún momento han estudiado o tienen la experiencia necesaria para cuidar un paciente, mucho menos a alguien con el veinticinco por ciento de su cuerpo quemado. Pero las envían por cumplir, sin realmente ser conscientes que pueden terminar haciendo más daño al paciente.

-Enfermeras que no saben cuáles son sus funciones, que no tienen conocimiento de las reglas básicas como es la higiene que ellas deben tener. Han llegado con el pelo suelto, sin tapabocas, con las manos sucias a tocarme la piel que deber ser muy bien protegida. Estas niñas desafortunadamente en vez de darme tranquilidad me ponen nerviosa.

-Enfermeras que no saben llevar un cronograma de las medicinas. En un par de ocasiones me he visto en la situación de estar a punto de tomarme un medicamento dos veces seguidas. No estoy hablando de medicina como una pastilla para la garganta, hablo de medicamentos que pueden ser perjudiciales para la salud si su uso no está perfectamente controlado.

-Enfermeras que en el horario de la noche se quedan dormidas, sin zapatos y roncando, lo cual perturba mi sueño y mi tranquilidad. Y las que pasan el día entero más pendientes del celular que de su trabajo.

Estas son algunas de las razones que doy pero que, aclaro, puede ser una lista interminable de detalles de este tipo. Considero de todas formas que la falla no es de ellas si no de las empresas que las contratan y las envían solo por cobrar el dinero y por cumplir.

Quiero recordar que una víctima quemada está catalogada como uno de los casos que con mayor cuidado se debe tratar. Entonces me pregunto, ¿cómo pueden mandar a una niña de dieciocho años que ni siquiera sabe los principios de los primeros auxilios?

El otro caso con el que me encontré fue cuando los doctores dijeron que mi piel estaba lista para ser tratada con lycras y máscaras. De nuevo la falta de compromiso y cuidado de la gente encargada de esto hace que todo sea más complicado. Las lycras para el cuerpo en primera instancia quedaron mal medidas, me apretaban y me cortaban la circulación de las manos. La respuesta de la persona encargada fue ¡eso es normal! Gracias a Dios, al doctor Gaviria y a la doctora Patricia, se corrigieron. El resultado final fue unas lycras de menor calidad, las cuales aún debo usar hasta que las otras me sean enviadas de nuevo, como si mi piel pudiera esperar el tiempo que la empresa se toma, que son días, son meses.

Del tema de justicia el Gobierno también debería estar más pendiente, la falta de compromiso se siente cada vez que se presenta un caso más. En el mío, debido a los medios de comunicación, se logró que la Policía actuará y lograrán un resultado óptimo en muy poco tiempo. Pero recordemos que son muy pocos los agresores que han caído en manos de la justicia.

Por el lado político, la falta de leyes hace que los agresores no tengan miedo de realizar estos actos de barbarie. Dejando a las víctimas como yo, con miedo a salir de sus casas. Cuando sucedió el caso de la agresión de la cual fui víctima, se presentaron políticos, *entre ellos, ministros, senadores, congresistas, con el fin de cambiar las leyes, de implementar un sistema que permitirá castigos fuertes a quienes atenten contra la vida y la identidad de las personas, sobre todo de las mujeres. Pero las cámaras de televisión se alejan y todo lo dicho por estas figuras públicas queda en el olvido, todas las propuestas y decretos tan solo quedan en un papel que nunca es aprobado por el Gobierno y por el Congreso.*

Por esta razón, día a día se siguen presentando casos, lo cual es realmente alarmante, no disminuyen, todo lo contrario se suman más víctimas, teniendo como resultado final que todas, incluyéndome, seamos privadas de los derechos humanos, seamos privadas de vivir en libertad. No le queda a uno más que estar y seguir lleno de miedo, hasta que la ley de este país cambie y haga sentir a los ciudadanos que de verdad están con nosotros y que nos van a proteger.

Tenemos derecho a vivir una vida tranquila, a poder trabajar sin ser discriminados, sin ser mirados y a tener los mismos derechos de la gente que por fortuna no ha sido víctima de tan tristes actos. Por eso pido a todas las personas, y al Gobierno en especial, que se pongan la mano en el corazón y caminen de la mano con nosotros. Queremos vencer todos estos obstáculos que la vida y la gente malvada y sin educación nos tratan de poner.

Estar quemado es muy difícil, mirarse en un espejo y ver el dolor que se refleja en los ojos de las familias y personas que están al lado de uno es una prueba de vida que pocos pueden superar. De verdad no es tan difícil y con la ayuda de todos podemos hacer que estos ataques paren y que logremos llegar más rápido al camino de la felicidad.

Atentamente,
Natalia Ponce de León

Por solicitud de Jorge Luis Gaviria, su cirujano, Natalia escribió esta carta en la que describe la atención que recibió después del ataque del que fue víctima. Aunque en el escrito reconoce amplia y abiertamente la labor de alta calidad que ha realizado el Hospital Simón Bolívar en su atención inicial y posterior rehabilitación, plantea un interrogante de fondo: ¿cuánto de su rostro y de su cuerpo se hubieran salvado si algunos procedimientos hubieran sido más expeditos y si se tuvieran los medicamentos y mecanismos para aplicarlos?

Pero las carencias de Colombia en torno al manejo de ataques y accidentes con agentes químicos van más allá de la falta de pericia, de gotas y de conocimiento médico, judicial y legal. A pesar de los tratados de libre comercio y acuerdos internacionales sobre comercialización de medicamentos, ha sido imposible que el país importe una solución líquida conocida como Diphoterine que se comercializa en el mundo para frenar los efectos nefastos que producen los agentes químicos al contacto con la piel.

El Diphoterine detiene en forma polivalente (múltiple) seis tipos de reacción a químicos agresivos y la penetración en los tejidos del cuerpo, minimizando las consecuencias y superando con creces el mecanismo utilizado en Colombia: uso de agua y jabón abundantes o de suero fisiológico.

Desde 2004, el cirujano italiano M. Cavallini demostró que el Diphoterine también ayuda a una mejor restauración y reparación de los tejidos y a la disminución de la inflamación y del dolor que producen las quemaduras con ácido.[8]

Pero, inexplicablemente, Colombia no lo ha podido importar de Alemania, donde se produce, a pesar de que su uso es generalizado en toda Europa, Estados Unidos, México y Brasil, en donde los ataques con ácido son bajos o casi nulos.

Otra gran carencia es el Láser Doppler, técnica que puede diagnosticar la profundidad de las quemaduras con agente químico realizando tan solo un examen. Aunque esa técnica existe desde mediados de los setenta, en Colombia se deben hacer tres y hasta cuatro dolorosas cirugías de raspado de la piel, antes de poder saber hasta dónde penetró el químico.

---

8   M. Cavallini and A. Casati.«Comparison between saline calcium gluconate and Diphoterine». European Journal Anaesthesiology, 2004.

«El Láser Doppler nos indicaría los niveles de las quemaduras en tiempo real y nos permitiría quitar la piel muerta en una sola cirugía. Estamos tratando de conseguir los 70 mil dólares que requerimos para traerlo al Simón Bolívar», explica el cirujano Jorge Luis Gaviria.

En ese mismo centro médico las máscaras de Uvex que se elaboran para que la piel de los quemados no se arrugue y sus facciones recuperen la forma, se funden en un horno para dorar pan. Los especialistas hacen su mejor esfuerzo para que queden perfectas y, con anticipación, elaboran un modelo en yeso. Pero fue dramático para Natalia ver cómo la lámina de gel especial que había para hacer su primera máscara se echó a perder en el horno y cómo la segunda quedó con defectos y no hacía presión en la parte alta de la nariz. Según los médicos, estas se deben cambiar cada mes, aproximadamente, para ir acondicionándolas al proceso de cicatrización y a las cirugías. Y aunque en países como Nicaragua ya tienen la máquina que funde las máscaras a trescientos grados centígrados y que garantiza que las facciones quedan perfectas, el Simón Bolívar, líder en el manejo de quemados, sigue usando el pequeño horno para dorar pan.

Tampoco hay una oferta amplia y accesible para elaborar las lycras que requieren las personas quemadas en su cuerpo y cara, como mecanismo complementario para facilitar el proceso de cicatrización y acoplamiento de los implantes. A Natalia le dijeron que era normal que la primera lycra que le fabricaron le cortara la circulación y le quedara pequeña. Tuvo que exigir mejoras hasta que el fabricante accedió a que fueran elaborada en el exterior.

Los Ángeles

En medio de su angustia y estado crítico, Natalia le suplicaba a la Virgen María que la ayudara:

Cuando ingresé a Cuidados Intensivos le hablaba y le pedía que me sacara de allá. Tenía los ojos tapados, no podía respirar, estaba dopada y me metían unos tapones por la nariz para que no se me pegaran las fosas por el proceso de cicatrización. Me desesperaba no ver, no saber. Dormía despierta. Y, de pronto, se me apareció María. Así se llamaba una de las enfermeras, uno de mis ángeles en esos momentos tan difíciles. Ella me hablaba, me consolaba y me ponía música vallenata y bailable para que no me aburriera. Duré mucho tiempo para volver a abrir los ojos, mi vida estaba en penumbras. Cuando finalmente lo hice vi a mi querida enfermera. Le dije: «Yo te veo María, eres bajita, ya te veo, ya te veo». Luego apareció en mi vida Freddy. Impecable, respetuoso. Me quitaba el pañal y me bañaba todo el cuerpo con cuidado. Él fue el primero en ayudarme a lavar los dientes, con un cepillo de bebé que me llevó mi primo Alejo. Uno a uno, con paciencia. Se encargaba de mis vendajes y de mi aseo íntimo, me hablaba, me acompañaba y me llevaba estampitas de la Virgen que acomodaba con cuidado al lado de un Cristo que me habían llevado mis hermanos y de una imagen más grande de la Virgen, que estaba en una repisita, en mi cabecera.

Después de las primeras cirugías Natalia no podía hablar por el tamaño de los injertos que le hicieron en sus labios y mentón. Estaba adolorida porque también tomaron piel de sus muslos para cubrirle el abdomen, la pierna derecha y algunas zonas residuales en las extremidades superiores. Tenía los ojos vendados por los implantes de los párpados y la única manera de comunicarse, a través de señas, se había vuelto prácticamente imposible por su estado de postración. En ese momento, su tía Marina y sus amigos probaron otro método: deletrearle el abecedario y frenar en las letras que ella elegía con un movimiento de su mano, hasta formar palabras. La primera fue G-a-t-o-r-a-d-e, estaba muerta de sed, pero los médicos dijeron que aún no podía beber nada.

Cuando me asignaron un cuarto ya me podía parar a ir al baño aunque a veces me enredaba con los aparatos y las cánulas. Al lado mío estaba Luz Adriana, una señora recicladora a la que le habían echado ácido en la espalda y estaba muy deprimida. Le hablaba, la animaba como podía pero yo también estaba golpeada y decidí pedirle a mi mamá que me ayudara con una enfermera permanente. En ese momento aparecieron dos bendiciones: Sindy y Luz. Se dividían los turnos y nunca me desamparaban. Lloraban conmigo, hablábamos de la vida y yo le preguntaba a Sindy: «¿Cómo estoy?». Pero yo misma tenía la respuesta. Las zonas de donde me habían retirado piel –cola, piernas y cabeza– y las de las quemaduras, me dolían. Me estaba jorobando por la cicatriz de abdomen. En ese momento uno solo quiere amor, que lo consientan. Yo les pedía a las enfermeras del Simón que me tendían la cama, que por favor no dejaran ninguna arruga. Para mí eso era mortal, mortificante. Pero ellas eran unas duras y me dejaban las sábanas lisas.

Aunque las visitas estaban restringidas, Julia hacía guardia todo el día y parte de la noche a la entrada de Cuidados Intensivos, esperando noticias de su hija. Lloraba sola, rezaba sola y, luego, empezó a comprar cajas completas de trajes quirúrgicos y se los ponía a todo el que ingresaba a visitar a los enfermos para que nadie resultara infectado, especialmente su Natalia. En las noches, recogía las cobijas y piyamas de su hija y se las llevaba a la casa para lavarlas con agua hirviendo. Luego, las embalaba en bosas plásticas, las sellaba, dormía algunas horas y salía muy temprano hacia el hospital. Cuando se la dejaban ver, le leía la Biblia y oraba con ella. En una ocasión, Luz Adriana, la recicladora quemada, empezó a llamarla: «Mamá, mamá... ¿por qué no me reza a mí también?». Desde entonces Julia se sentaba justo en medio de las camas de su hija y de Luz Adriana, rezaba con ellas y por ellas, leía pasajes de la Biblia y les llevaba pañales y juguitos a ambas.

«El 23 de abril le pedí un papel y un esfero a mi hermano Juan Carlos y aunque no veía nada escribí: "Me duele. Estoy como un monstrico, cómprenle unas flores a mi mami para su cumple". Y más abajo puse: "Te amo, mami, me haces falta. Es feliz cumpleaños adelantado"». Julia dice que ese día, como nunca, tuvo ganas de gritar, de llorar y aún se conmueve cuando relee la carta, adornada con un par de flores que Natalia le pintó con su brazo quemado y sus ojos en tinieblas y vendados.

El 30 de abril, los Arenas Samudio llegaron con otra de las sorpresas que ideaban para revivirla. Una amiga de la familia les contó que estaba en Colombia Geshe Michael Roach, el primer estadounidense en obtener el doctorado en budismo por parte del monasterio tibetano Sera Mey, experto en la «magia del perdón». Daniel Arenas pidió hablar con Roach le contó el caso y logró que el maestro budista se desplazara hasta el Hospital Simón Bolívar a ver a Natalia. Inicialmente, los médicos se negaron a que ingresara con su séquito, pero finalmente accedieron a que el maestro entrara unos minutos al cuarto. Roach se puso su manta y sobre ella ropa quirúrgica y tapabocas y llegó hasta la cama de Natalia en donde la observó detenidamente por algunos minutos.

> Vas a estar bien. Eres fuerte de mente y de espíritu. Tienes que pensar en la gente que tienes al lado, en todos los enfermos. Con la respiración hacia adentro, inhala y siente cómo absorbes ese humo negro y espeso que los rodea y hazlo tuyo. Visualiza tu cuerpo, tus chacras, cómo ese humo recorre todas las partes hasta que llega a tu corazón. Allí visualiza una flor en la que hay un diamante hermoso que recibirá todo ese humo negro que en cuestión de segundos se transformará en luz, en una luz blanca que llegará a la gente por medio de tu respiración. Cuando exhales profundo debes pensar en eso para que los otros pacientes se curen y sanen. Cuando uno hace esto, uno también se cura y tu cuerpo va a sanar mejor y más rápido —le dijo Roach—.

Algunos escépticos dicen que sintieron una energía especial y otros se molestaron por la presencia del maestro.

La suerte clínica de Natalia había estado en manos del doctor Jorge Luis Gaviria Castellanos desde el viernes 28 de marzo, pero ella tan solo lo conoció el lunes siguiente cuando se acercó a la camilla y le dijo: «Hola, Natalia, yo soy tu cirujano, Jorge Luis Gaviria. Tienes varias quemadas pero no te preocupes».

El doctor Gaviria es cirujano plástico y reconstructivo de la Pontificia Universidad Javeriana. Nació en Barrancabermeja (Santander), hace cincuenta años y desde los quince, cuando estaba en el colegio, tenía claro que quería ser médico y tratar a pacientes quemados. Y a eso ha dedicado su vida. Lleva treinta años como médico y veinte integrando el equipo de cirujanos del Hospital Simón Bolívar. Nunca durante ese tiempo trabajó un día viernes, pero el 28 de marzo se ofreció a cubrir un turno, luego de que Patricia Gutiérrez, la coordinadora del Pabellón de Quemados le manifestara al equipo que ese día había poco personal especializado. Gaviria entró al quirófano cuando la cirugía de Natalia ya había iniciado, en cabeza de la especialista Marlén Cárdenas y él accedió a hacerse cargo, interesado por el tipo de lesiones que registraba la paciente: las más profundas y graves en las estadísticas del hospital y en su vida profesional. La semana siguiente salía a vacaciones, pero las suspendió para seguir al frente del caso y realizar la segunda intervención. Incluso empezó a ir a examinarla los días en que descansaba.

Aunque, tras la segunda cirugía, Julia Gutiérrez de Piñeres lo buscó y le suplicó que solo él tocara la cara de su hija, ya Gaviria había decidido asumir el caso. Aunque en su consultorio privado se puede enriquecer aumentando glúteos y senos de jovencitas y mujeres maduras, renunció a ello y, hace treinta años, está consagrado a la rehabilitación de mujeres de todos los estratos que han sido atacadas con agentes químicos, gracias a esta labor hoy es un especialista reconocido nacional e internacionalmente.

Además, Gaviria ha capacitado a personal de Medicina Legal y de la Fiscalía General de la Nación en torno a las secuelas de este tipo de ataques con agentes químicos. Entre otras cosas les explica cómo, desde el punto de vista médico, es incomprensible que a víctimas como Natalia se le dictaminen 55 días de incapacidad tras el ataque si las secuelas son profundas, graves y permanentes.

> Jorge Luis tiene un corazón tan grande como el universo. Nos sé cómo le cabe tanto amor por la gente. Yo lo adoro, además de ser mi tercer hijo es mi amigo, el que me lleva a misa del brazo todos los domingos. Rezo por sus manos, por sus ojos para que todo le salga bien en las operaciones. Le pido al Espíritu Santo que lo guíe. También rezo por Natalia Ponce de León, la valiente (…) Desde que Jorge Luis tenía seis años, empezó a decir que quería ser médico, una profesión que su padre siempre quiso seguir pero que dejó a un lado por la ingeniería de petróleos. Cuando Jorge Luis empezó a estudiar medicina en la Universidad Javeriana, me pedía que le dejara preparado tinto amargo para amanecer estudiando y era el más consagrado. Solo interrumpió la carrera por un dengue que casi lo mata y para estudiar inglés en el exterior. A pesar del reconocimiento que recibe, es un hombre sencillo, inteligente, un amor, todo el mundo termina queriéndolo (…). Su profesión lo absorbe por completo. Primero fue en el Hospital San Ignacio y

luego en el Simón Bolívar en donde se concentró en atender a pacientes con quemaduras severas. El hospital lo absorbe y le duele ver llegar a niños y a jovencitas quemados por pólvora o por ácido. Repararles su piel es su vida es lo que lo hace feliz. Cuando no está allá, dicta clases y conferencias sobre su especialidad, investiga avances médicos, viaja o trabaja para que se visualice el problema de las personas quemadas –dice Teresita de Gaviria, la madre del cirujano, quien con sus tres hermanos se cuenta entre los pocos que conocen al otro Gaviria –.

De hecho Gaviria aceptó formar parte de la fundación que Natalia impulsará para ayudar a otras mujeres víctimas de ataque con ácido. Para él, además, el de ella es un caso especial por varias razones:

> Sentía presión por la trascendencia que cobró el caso pero como cirujano estoy satisfecho porque el resultado es muy superior al del promedio. Natalia es una gran paciente, es inteligente, disciplinada y con ella hemos usado todos los medios quirúrgicos de última generación que hay a nuestro alcance. La diferencia con el resto de pacientes es que su familia la rodeó, la apoyó, porque ella es el núcleo y todos lo están protegiendo.

Aunque Natalia estuvo mucho tiempo bajo los efectos de la morfina, hay un rostro y una voz que su cerebro registró desde que llegó al Simón Bolívar y que aún le producen paz y esperanza cada vez que se los vuelve a encontrar:

los de la cirujana Patricia Gutiérrez de Reyes, por veinte años coordinadora de la Unidad de Quemados y de Cirugía Plástica del Simón Bolívar. Pasaba todos los días por su camilla, le hablaba al oído y la tranquilizaba. Antes de cada cirugía, a ella y a todos los pacientes y familiares les explicaba los procedimientos a los que iban a ser sometidos. Pero, por la gravedad de las quemaduras de Natalia, a ella la revisaba con mayor frecuencia y le empezó a decir «Nana», el mismo apodo que usa para consentir a su hija, Natalia Reyes. Gutiérrez, especialista en cirugía plástica estética reconstructiva, ha consagrado su vida a ayudar a personas desfiguradas por este tipo de quemaduras. Permanentemente está investigando para desarrollar y traer nuevas tecnologías y fue ella quien contactó a Médicos por la Paz y logró que vinieran al país.

Sin mayores protagonismos, en su consultorio particular ha intervenido de manera gratuita a varias mujeres quemadas y recoge ropa de segunda mano para las humildes pacientes del Simón Bolívar. Habla con pausa y es dulce pero a la vez firme cuando se enfrenta y reta a los productores de pólvora por vender clandestinamente el material con el que se queman cada año en Colombia decenas de niños y adultos. Muy pocos saben que gracias a su carácter y tesón, Gutiérrez también logró gestionar, hace ya casi una década, los cerca de 2.500 millones de pesos que se requerían para que el Simón Bolívar tuviera una la sala de Cuidados Intensivos adaptada para sus pacientes quemados. La inversión se hizo durante la administración del alcalde de Bogotá Luis Eduardo Garzón, quien visitó el hospital toda una mañana acompañado de la doctora Gutiérrez y al final del doloroso recorrido le preguntó: «¿Por favor, dígame que necesitan?». Ella, sin titubear, con mil argumentos médicos y las emociones absolutamente bajo control, solicitó los recursos que hasta ese momento eran un imposible. Al principio, nadie creyó que lo había logrado, pero luego llegó la partida y ahora ese es uno de los rincones del ruinoso edifico del hospital que la médica ha logrado transformar y que llevan su sello.

Todas esas batallas las ha hecho suyas, incluida la de participar en la cruzada para que Colombia introdujera en su legislación castigos para autores de ataques con ácido y ayuda médica integral para las víctimas. También ha estado detrás de la elaboración del protocolo médico para atender a los pacientes quemados con ácido y se ha encargado de difundirlo en todos los hospitales y clínicas del país para contrarrestar los efectos nefastos que los agentes químicos producen en los cuerpos de decenas de hombres y mujeres.

En el caso Ponce de León, la cirujana ha movido hilos internacionales y locales para que la paciente, protagonista del caso más grave que se ha recibido en el Simón Bolívar, reciba la mejor atención. Y le sigue hablando al oído, dándole fuerza y esperanza, desde su óptica de cirujana especialista en quemados y de ser humano excepcional.

Semanas después de que Natalia descubriera cómo había quedado su rostro, dos damas paisas contactaron a la cirujana Patricia Gutiérrez. Le dijeron que habían seguido su caso por los medios y que querían enviarle una crema especial que podía ayudar con su rehabilitación. La cirujana le llevó la crema a Natalia el 8 de agosto, día de su cumpleaños, y le habló por primera vez de las generosas damas paisas que luego contactaron directamente a Julia Gutiérrez de Piñeres. Algo escéptica, aceptó invitarlas a tomar té a su casa y presentarles a su hija. Las damas, de apellido Villegas, la abrazaron y le dijeron que hace muchos años su hermano había sufrido de un agresivo cáncer de piel que le había carcomido una de sus mejillas. Muy conmovidas contaron la tragedia familiar y cómo empezaron a investigar tecnologías y medicamentos que le ayudaran a regenerar la piel. Hoy, en algún lugar de Antioquia, tienen un cultivo de caracoles terrestres, de la especie Hélix aspersa. El cultivo de esta especie fue reglamentado en Colombia a mediados de 2006 y quedaron sujetas a estrictos manejos ambientales y sanitarios. Mil miligramos cuestan en el mercado entre 170 y 250 mil pesos. Pero, desde entonces, las Villegas le envían a Natalia la baba de los moluscos que sanaron a su hermano.

Por esa misma época, bien entrada la noche, otra mujer se acercó a la cama de Natalia, en Cuidados Intensivos, y le dijo que le regalara unos minutos. Antes de dejarla siquiera saludar, Natalia le dijo: «Por favor, antes de que comience a hablarme estíreme las sábanas, que queden bien templaditas porque me están mortificando». La mujer sonrió, siguió las instrucciones y luego se presentó. Era Edda Medina, pediatra y médica bioenergética. Le dijo que trabajaba con medicina biomolecular y que podía ayudar a su rehabilitación. Después del breve encuentro, Medina contactó a la mamá de Natalia, le explicó los procedimientos y le anunció que le iban a regalar todo el tratamiento.

> Empecé a ir dos veces por semana a su consultorio. Allá conocí a Mónica Name. Con la aprobación de mi cirujano Jorge Luis Gaviria, ambas empezaron a sacarme sangre, a ozonizarla y a inyectármela de nuevo. Me explicaron que ayuda al proceso de regeneración, al igual que los sueros con vitaminas que me aplicaban cargados de potasio y de vitaminas. Abrían un cajón lleno de frasquitos y

sacaban poco a poco lo que yo necesitaba. Me dio terror cuando me dijeron que me iban a empezar a inyectar en el rostro y en la cabeza. La primera vez fue muy doloroso y empecé a llorar. Solo Patricia Gutiérrez me había inyectado con total suavidad y solo Gaviria me ha intervenido el rostro. Me daba miedo que los injertos se dañaran. Pero luego se empezaron a notar los resultados en la piel, que ha tomado mayor elasticidad. Ahora, antes de cada operación, Edda y Mónica preparan el terreno para que yo esté en las mejores condiciones —dice Natalia—.

«Hola, mi nombre es Natalia Reyes y soy la cirujana plástica residente. La voy acompañar en su cirugía y le voy a explicar el procedimiento que le vamos a seguir. Tranquila».

Con esas treinta palabras, la joven doctora Natalia Reyes se le presentó por primera vez a Natalia, un día después del ataque y nunca más la volvió a abandonar. Se quedaba hasta altas horas de la noche haciéndole las curaciones, acompañándola y explicándole a la familia, paso a paso, los procedimientos a los que era sometida y en los cuales Reyes siempre estuvo presente. Aparte del cirujano Gaviria, fue ella quien tomó las primeras fotos del rostro de Natalia y, con precaución y profesionalismo, se las mostró a la familia para que entendieran el proceso que estaba viviendo y su evolución, aliviándoles un poco la angustia de no saber ni entender las dimensiones médicas de un ataque tan feroz. Les mostraba un panorama real, pero esperanzador.

En esas largas noches dolorosas y de incertidumbre, empezó a acercarse poco a poco a la paciente. Varios amigos de su mamá (la cirujana Patricia Gutiérrez), de su esposo Augusto Pineda, y suyos conocían a Natalia o a algún miembro de su familia y empezaron a llamarla y a preguntarle insistentemente por su estado:

> El primer día eran tantos los mensajes que tuve que dejar de atender el celular. Me acuerdo que la primera vez que la vi, la nariz estaba totalmente negra y ya no tenía párpados. Cualquier paciente con quemaduras tan profundas y con un área tan comprometida como las de ella, está en alto riesgo de morir por un politraumatismo. De hecho, ella estuvo dos veces a punto de perder la vida.

Natalia Reyes, la hija de Patricia Gutiérrez, pidió autorización para ampliar su residencia algunas semanas con el propósito de acompañar a Natalia y hacerle seguimiento a su caso.

«Me acuerdo que la primera vez que la vi tenía unos aretes de corazones, me dijo que era amiga de una amiga mía (Vivián López) y que me iba a acompañar en todas las cirugías. Y así fue. Entraba y siempre me decía algo alentador, me animaba, me daba un beso, me jalaba hacia la vida», cuenta Natalia.

Para poder autorizar su salida, Natalia Ponce requirió de once cirugías y cerca de 50 días de hospitalización, la mayoría del tiempo en Cuidados Intensivos. Cuando finalmente la dieron de alta, Natalia Reyes, la joven residente del Simón Bolívar, empezó a ir hasta su casa a hacerle las curaciones, animaba a la familia y siempre llegaba con algún detalle que los hacía sonreír y aumentar la esperanza: unos chocolates, un dato clave para la rehabilitación, la programación de la siguiente cirugía o algún plan para que la paciente no cayera en depresión.

> En ese momento, no quería ver a nadie y no sabía para dónde coger, estaba muy golpeada e incómoda por las férulas en ambos brazos, la máscara de lycra y la de Uvex, la angustia que a veces sentía, todo. Tenía que dormir con dos conos en los ojos para evitar que las córneas se rayaran mientras enseñaba a mis injertos a parpadear, a cerrar y a abrir rítmicamente y cada segundo. Era piel de otra parte de mi cuerpo y no estaba entrenada para ser párpado, para ayudarme a lubricar los ojos. Además, las pestañas empezaron a crecerme hacia adentro y era un martirio, tenía que sacarlas una a una. En ese entonces, cualquier luz era como si me prendieran un fósforo en los ojos.

Una de esas tantas noches la médica Reyes le pidió que se arreglara y la sacó a la calle. Ella y su esposo llevaron a Natalia, a la mamá y a Andrés Almeida (el esposo y apoyo de Julia Gutiérrez de Piñeres) al restaurante El Divino. Habían reservado un piso solo para ellos y ese día les dio la noticia de que estaba embarazada y les mostró en primicia la ecografía. Además, les anunció que junto con su esposo, Augusto Pineda, habían decidido que la madrina de la pequeña que venía en camino iba a ser Natalia Ponce de León: «Queremos una madrina como tú, única, especial, fuerte y valiente. ¿Qué mejor madrina? Tienes que estar como un roble para cuando nazca Emma», le dijeron. Fue una de las primeras noches de felicidad después del ataque y la segunda en la que se atrevía a salir a la calle con su nueva cara.

La primera vez fue al Teatro Mayor Julio Mario Santo Domingo, en compañía de Rocío Guerrero, «Toti», una prima a la que no veía desde hacía catorce años. Esposa de un diplomático, «Toti» volvió al país dos meses antes de que Natalia fuera agredida y se convirtió en su masajista terapéutica de cabecera. Al principio, empezó a visitar a Julia y entraba discretamente a la habitación de Natalia, pero casi siempre la encontraba dormida. Después de soñarla brillante y con una estrella en la frente, empezó a buscar los protocolos y las técnicas de los masajes para personas quemadas, para unirlos con lo que había aprendido años atrás en el Colegio Mexicano de Masajes Terapéuticos y con el ayurveda, el milenario sistema tradicional de la India. Y, solo entonces, se ofreció a realizarle, a diario, hora y media de masajes terapéuticos.

> La vida puso a Natalia en mi camino o yo en el de ella. Es lo que el sicólogo Carl Jung llama sincronicidad, la unión de acontecimientos exteriores e interiores, en un momento exacto y cuando más lo necesitamos. Tengo estudiado su rostro milimétricamente, ella es una especie de lienzo que se puede trabajar. Estamos buscando que la piel y el músculo recuperen su memoria, es un proceso físico pero también energético y espiritual. Algunas sesiones son rudas porque hay que devolverle a la piel la flexibilidad y prepararle el terreno al cirujano para las intervenciones. Pero Nati ha facilitado las cosas. Tiene poder mental, disciplina y una gran espiritualidad. Es inspiradora –dice Toti que, sin falta, la busca cada veinticuatro horas para someterla a los masajes.

«Al principio me dolía la piel, me ardía, tenía la boca caída y cerrada. Toti trabaja con paciencia en todo mi cuerpo. Me aplica las cremas especiales y con ella he llorado, he reído, me he desahogado. La adoro», confiesa Natalia.

Su hermano Camilo allanó el camino de los masajes. Cuando él empezó, la piel de Natalia parecía una roca y le daba miedo lastimarla. Pero le aplicó una técnica de limpieza interna de energía y de emociones, conocida como Chi Kung, y la piel empezó a responder. También se empezó a encargar de monitorear la toma de medicamentos, de acompañarla el mayor tiempo posible y de llevarle a uno de sus grandes amores: Lorenza, su sobrina de cuatro años. La primera vez que la pequeña vio el nuevo rostro de su tía la observó por largos minutos y luego la abrazó como si nada hubiera pasado.

Camilo, fotógrafo de profesión, es callado, espiritual, tranquilo, pausado, paciente, sensible. Todo eso, empacado en un cuerpo de 1,80 metros de estatura, una larga y delgada trenza negra y muchos tatuajes que de entrada revelan su oficio de artista. Cuando le avisaron que su hermana había sido quemada, estaba en la calle 92 con carrera Quince en una sesión de fotos y empezó a correr como loco. Recorrió más de 35 cuadras cargando dos pesadas maletas y pensando mil cosas. Entró a la casa, en donde aún estaban frescos los rastros del ataque, pidió las características del agresor y se fue la para la Reina Sofía con el nombre de un sospechoso rondando su cabeza. Durante las primeras horas, días y meses no se le despegó a su hermana. Y con su cámara profesional ha venido registrando –en el mismo ángulo y con la misma luz– la agresión del ataque, los resultados de las cirugías y la evolución en la rehabilitación de Natalia, una secuencia dramática que, según dice, algún día revelará la barbarie de la que fue víctima su hermana y el milagro que se está produciendo.

> El día que quemaron a mi Nati mi mente caminaba tranquila, mis latidos eran normales, sin esperar que nada malo pudiera suceder, sin siquiera pensar que todo podía dar una vuelta tan fuerte y

Halloween 1984

En la finca de sus abuelos, 1984.

A sus seis años.

A sus nueve años.

Con su abuelo Carlos Ponce de León.

Con sus primos Gutiérrez de Piñeres.

Con su hermano Juan Carlos.

Con su papá y su hermanos.

Natalia en su primera comunión, con su madre Julia Cristina Gutiérrez de Piñeres.

Santa Marta, 2007

Tulum, México, 2011

Madrid, 2003

Escocia, 2008

Ruinas de Palenque, México, 2011

Zócalo, Ciudad de México, 2011

Egipto, 2009

Invitación a una de las muestras realizadas por grupos de artistas en solidaridad con Natalia.

Invitación a la exposición organizada por un grupo de artistas en la Cob Gallery de Londres en honor a Natalia.

Los niños del jardín La Cometa de Bogotá, quisieron apoyar a Natalia a través de mensajes y dibujos. El dibujo de los ángeles fue un regalo para ella y el del árbol fue subastado.

Retrato de Natalia realizado y donado por el artista Juan Carlos Cabas.

radical en unos cuantos segundos. Pero con una corta y pesada llamada, la vida giró. A cambio del saludo de mi hermano Juan Carlos recibí las ocho palabras que retumbarán en mi mente hasta el día en que esté en esta tierra: !A NATALIA LE ECHARON ÁCIDO EN LA CARA¡ Fue irreal que mi hermana, la mujer a la que siempre me prometí cuidar, estaba sencillamente protagonizando la mayor pesadilla que alguien puede vivir –asegura Camilo–.

Catalina Villalba, la oftalmóloga residente del Simón Bolívar, fue otra ancla con la vida en esos días de horror y dolor, y se unió a la legión personal de ángeles en la que está su mamá, sus hermanos, su tío Alejo, su papá, sus amigos, sus primas...

> Cata Villalba me salvó muchas veces. Me decía que estaban eliminando el ácido de mis ojos y que me estaban aplicando unas gotas especiales, hechas con mi propia sangre, para que no los perdiera. Yo le decía «Cata me duele» o «estoy desesperada» y siempre me salvaba. Me daba fortaleza, me contaba de su vida, me preguntaba por la mía. Hablamos de mi viaje a Europa, del amor, de cualquier cosa que hiciera que me aferrara a la vida.

Natalia también recuerda las rondas de las Damas Rosadas que repartían «gelatinita y revistas del 2007» para distraer a los pacientes y aliviarlos un poco.

Cuando Natalia volvió por fin a su casa, el domingo 18 de mayo, su mamá, Julia, con el apoyo de una vieja amiga, le habían remodelado el cuarto y acondicionado para disminuir el riesgo de infecciones. En su nueva cama le tenían regalos, cartas, chocolates, bombas... Y se idearon un tablero en el que estaba anotado todo el cronograma de atención, citas médicas, masajes y medicamentos, para hacer más fácil el día a día.

En el tablero se leía, entre otros puntos:

- *Férula mentón, tres horas al día. Parte suave a la boca y malla hacia afuera.*
- *La Hansaplast, lámina de gel de silicona, dos horas en la mañana y dos horas en la tarde y toda la noche.*
- *Ponerse el microporo.*
- *Hacer los ejercicios con la lengua, debajo de los labios. La mano abierta y coger una botella.*
- *Usar Eucerín, tapa azul, para el mentón y la barra de silicona dermasoft.*

Juan Carlos y Camilo, sus hermanos, empezaron a llegar muy temprano en las mañanas y decidieron dividirse el trabajo que requería la nueva situación de Natalia. Camilo es el encargado de que no falten los medicamentos, vendas, geles y hasta algodones, de las citas con los especialistas y de los masajes. Juan Carlos se ocupa de los trámites con la EPS y de indagar con la Policía, la Fiscalía y el abogado de la familia, cómo va el tema penal. Y Julia, la mamá, está en todo y aún le queda tiempo para seguir al frente de su empresa, con la que sostiene su hogar. Cuando pasó el riesgo de infección, amigos cercanos empezaron a visitar a Natalia en las tardes. Algunos se animan a hacerle un masaje, le ponen las férulas de los brazos, le acomodan los vendajes, le leen mensajes, la animan a seguir, le llevan películas clásicas y chocolates, y la acompañan hasta que concilia el sueño.

Cuando todos se van y la casa de los Ponce de León Gutiérrez de Piñeres queda en silencio, solo se escucha el paso, casi imperceptible, de los cerca de cinco metros de manguera lisa y transparente que Julia utiliza para rondar a Natalia en las madrugadas, revisar todos los rincones y estar a la vez conectada a una bala de oxígeno.

Varios de sus familiares y amigos volvieron a ver a Natalia el 8 de agosto de 2014, el día de su cumpleaños número 34, al que llegó Ken Oliver Eichmann. El alemán aterrizó en Colombia desde el 3 de agosto y los primeros días se dedicó a ayudar a hacerle los masajes, a hablarle, a animarla, a llorar sin que ella lo notara y a buscar contactos médicos y hospitales internacionales que pudieran tratarla. Incluso, contempló la posibilidad de acudir a uno de los cirujanos que han hecho trasplantes exitosos de cara para que estudiaran su caso.

Los Arenas Samudio le organizaron una fiesta sorpresa de cumpleaños, con paella, champaña helada, vino y un conjunto vallenato que llevaron de obsequio Natalia Reyes y su esposo, y que tocó hasta el amanecer. Esa noche, 154 días después del ataque, Natalia volvió a bailar, a reír y permitió que varios amigos la vieran de cerca y que la reunión quedara filmada y fotografiada. Su familia y allegados estaban empeñados en que reactivara de nuevo su vida social y acabara temporalmente con el aislamiento al que aún está obligada antes y después de cada cirugía. Incluso le habían llevado una cena que le enviaron los dueños del restaurante El Bandido, que incluía desde las velas hasta su pulpo favorito.

El sábado 6 de septiembre de 2014, Toti le pidió a su amigo Ramiro Osorio, director del Teatro Mayor Julio Mario Santo Domingo de Bogotá, que le ayudara a reservar un palco para que Natalia pudiera asistir a *Blast*, el espectáculo que el grupo francés Cirque Farouche vino a presentar en Bogotá. Esa noche, Natalia ingresó discretamente por la puerta de los artistas y observó atenta acrobacias peligrosas, juegos de sombras y trapecistas, que la hicieron olvidar por casi una hora lo que estaba pasando en su vida. Al lado de su palco había diplomáticos españoles y otros invitados, pero nadie la reconoció. Tampoco los que la vieron entrar semanas más tarde a cine, en Usaquén, acompañada de un grupo de sus mejores amigos. Y aunque también salió a caminar por varias calles capitalinas el día de las velitas, todos eran paseos nocturnos y discretos. La prueba de fuego fue el 11 de diciembre de 2014.

Ese día, se arregló, se entaconó y se fue para el Congreso de la República a hablar con el ponente del proyecto de ley que busca endurecer las penas para los agresores que usen agentes químicos como arma. Mucha gente la vio pasar y la pudieron identificar únicamente porque a su lado iba su mamá, a la que tantas veces el país ha visto en los medios de comunicación, muy afectada hablando del ataque y recuperación de su hija. Natalia recorrió varios salones, saludó a algunos congresistas y les dio literalmente su nueva cara. Con firmeza, habló por cerca de una hora de su tragedia personal y de los obstáculos legales y médicos que ha enfrentado, y se comprometió a apoyar el proyecto de ley de manera irrestricta.

Natalia conoció al penalista monteriano Abelardo de la Espriella cuatro meses después del ataque. Su mamá y sus hermanos le habían hablado del abogado que la estaba representando. Pero la única imagen que ella tenía de su defensor era la que un par de amigos le habían descrito.

«Vive impecablemente vestido, rodeado de guardaespaldas. Está entre los tres abogados más sonados del país, habla rápido, con un marcado acento costeño, y tiene un séquito de asesores que quieren ser como él», se lee en una especie de bitácora que le elaboraron sobre lo que pasaba mientras ella estaba en el Hospital Simón Bolívar. Y antes de que De la Espriella se animara a conocer a Natalia, la familia le había contado cómo se había entregado al caso y se había convertido en un apoyo para Julia Gutiérrez de Piñeres, sin cobrar un centavo.

> Cuando escuché en la radio la noticia sobre el ataque con ácido del que fue víctima Natalia Ponce de León, recuerdo haberle dicho a mi esposa: «No entiendo cómo un ser humano puede cometer semejante monstruosidad contra otro». El corazón se me encogió de solo pensar en el dolor de esa mujer y su familia. Rociarle ácido a una persona en el rostro y en el cuerpo es un crimen abominable, el más cruel de todos, diría yo, porque obliga al afectado a renunciar a su propia identidad, a no reconocerse en el espejo, a cambiar drásticamente la vida que llevaba. El homicidio, el secuestro y hasta la violación son delitos que pasan a un segundo plano, cuando se habla de ataques con sustancias corrosivas —asegura el penalista, que cuando habla del caso Ponce de León cambia su tono beligerante y su expresión adusta—.

Una de las personas más cercanas a Natalia ha venido dejando constancia, en un diario que está escribiendo solo para ella, del dolor, amor, ingenio, lealtad, nobleza, fe inquebrantable y esperanza de quienes la han rodeado en este violento capítulo de su vida. Personas nuevas o viejas en su vida que serán sus ángeles guardianes por siempre.

Supervivencia

Hay días en los que Natalia no quiere levantarse de su cama. La depresión llega a niveles tan altos que piensa en no seguir. Su mamá escucha cómo llora en silencio debajo de la ducha y a veces cancela toda su rutina y compromisos y se encierra en ella misma, en sus temores, en sus horrores.

Su tío Alejo relata:

> Cuando regresó a la casa, pasaba rápido frente a los espejos y a los vidrios para no ver reflejado su rostro. Poco a poco empezó a detenerse y a mirarse. Me imagino que fue desgarrador pero era el primer paso para aceptarse, era su nueva realidad. La desesperanza inicial la llevó a negarse a hacer los ejercicios y las terapias. No tenía el ímpetu de siempre, su brazo izquierdo estaba sin fuerza y la mano no le servía. Caminaba encorvada, ensimismada, en silencio, con los ojos hacia abajo y, de pronto, lanzaba frases de rabia. Decidí

empezar a hacer los ejercicios con ella y la acompañaba a las sesiones de fisioterapia para replicarlas luego en la casa. No le aceptaba los «no quiero» iniciales y solo le admitía unos pequeños plazos para reiniciar. Le tocaba la espalda para que corrigiera la postura y poco a poco se fue disciplinando y volviendo a vivir. De pronto, empezó a caminar como antes, con su andar especial, suave, rítmico (heredado de Julia, su «ma'») y con su cabeza arriba.

Desde entonces, los días de depresión son cada vez menos.

Descubrí que soy muy fuerte. Siempre fui de carácter pero nunca creí que resistiera tanto dolor, que la vanidad pasara a un segundo plano. Antes me daba miedo mirarme a un espejo y ahora, uno de aumento que me regaló mi tía Marinita es el mejor regalo que he recibido. Me miro y encuentro mis rasgos, mi nariz y un poco de mi boca. Las pestañas ya me crecieron y ahí están mis ojos, por los que tanto sufrí –dice Natalia, mientras revisa documentos y sonríe escuchándose a sí misma–.

Su abogado, Abelardo de la Espriella, admite:

Vi a Natalia por primera vez cuatro meses después del ataque. Ella ya había pasado por el quirófano al menos diez veces. No fue fácil para mí. A cada invitación de su madre para conocerla, yo sacaba una excusa diferente. Por alguna razón que desconozco, yo, el guerrero de mil batallas, estaba tan sensibilizado con el tema que no tenía fuerzas para verla a los ojos. Cuando se me acabaron los pretextos, fui a visitarla, pensando encontrar a una mujer derrotada y entregada al dolor. Contrario a ello, ante mí apareció una heroína que se resistía a ser arrastrada por la fuerza de los acontecimientos. La fortaleza de Natalia fue inspiradora para mí, al punto de no poder contener las lágrimas. Me siento orgulloso de representar sus intereses.

Animada por una fuerza interior, Natalia se levanta todos los días, se desayuna y recibe a su hermano Camilo y a su prima Toti para someterse a los masajes en cuerpo y cara por una hora y media. «En esas sesiones pasa de todo. Lloramos, reímos, nos damos cuenta de los avances y salen ideas, como la de crear mi fundación para ayudar a otras mujeres quemadas, a que otras Natalias puedan obtener toda la ayuda que yo he recibido».

Luego, se alista y sale para donde Silvia Martínez, directora de siquiatría de la Clínica El Bosque:

> A ella la amo, me escucha, me ayuda. Empecé a ir a su consultorio desde octubre de 2014 y me ha ido muy bien. Estoy tomando media pastilla de un ansiolítico (Clonazepán) y de Trazonode, para conciliar el sueño y graduarlo como el de cualquier persona. La idea es ir dejando progresivamente esas pastillas, al igual que la Venlafaxina, que me sirve para elevar mi estado de ánimo.

De una a dos de la tarde sale para fisioterapia en la Clínica Fray Bartolomé. Allí, la especialista Olga Mera la somete a sesiones de ultrasonido, con un gel especial, para ayudar a despegarle la piel implantada y suavizarla. Después de esa sesión pasa a hacer veinticinco minutos de ejercicios cardiovasculares, luego pesas, bicicleta y estiramiento.

Durante el día toma tres pastillas de cúrcuma, una especie natural que ayuda en el proceso de cicatrización y de eliminación de toxinas y, lo más importante, actúa como desinflamante.

> Hace unos meses, con mi mano izquierda no podía levantar ni siquiera un vaso. Y en la derecha tenía quemaduras en mis dedos, que me obligaban a usar una férula para que el pulgar no se me pegara a los otros dentro del proceso de cicatrización. Hoy, ya estoy levantando cuatro kilos en las pesas. También hago hidroterapia, unos chorros de agua deliciosos que me están ayudando a despegar la dermis y la epidermis, a mantenerlas vivas y activas. Todo está en la cabeza, si uno lo desea, lo hace. Una de mis compañeras en la Fray sufre mucho porque está parapléjica por un accidente y me pregunta cómo hago yo para seguir adelante: «Métale felicidad y ánimo, mijita, porque en esta vida le tocó esto. Olvide a la persona que la atropelló, concéntrese solo en usted y siga… con todo», le contesté, y ya noté su progreso.

Según su tío Alejo, toda la energía de su sobrina está canalizada hacia su autocuración, como elemento liberador:

> No le otorga un solo segundo al odio o a la venganza y eso se refleja en el equilibrio que ha ido recuperando en su cuerpo y en su alma, que están concentrados exclusivamente en la sanidad. Poco a poco ha ido ganando autonomía. Su fuerza la ha mantenido en un plano de la realidad absoluto, en donde ve las cosas tal y como son, sin falsas esperanzas y no para aceptarlas con resignación sino para cambiarlas. Además, ella se puede adaptar rápidamente

a los cambios, tiene una mente totalmente abierta. Ha sido siempre una convencida de que la vida vale la pena vivirla y desde el primer día se dio cuenta que ella quedó más viva que antes. Le dije que si pensaba qué iba a hacer con su vida, le encontraría sentido y ya se dio cuenta que darse a los otros es la vía.

Nadie sabe de dónde sale la fuerza con la que Natalia respira de nuevo, piensa de nuevo y sueña de nuevo. Pero ahí está y su voz es el canal por el que se puede palpar con mayor facilidad esa energía de origen desconocido. La relación con su familia y con la gente que la rodea se ha convertido en su muralla contra la adversidad. Mirar más allá del presente y el planear el futuro, con fechas, horas y metas exactas, la está alejando rápidamente de ese 27 de marzo de 2014.

«¿Qué, qué veo en el espejo? pues a una persona quemada. Pero me doy cuenta de los avances y de la suerte que he tendido. Sé que voy para adelante. Todo radica en mi mente», dice con convicción y con seguridad mientras se toma un té con algún dulce para ganar calorías. Cuando empezó a comer, su familia lo entendió como una forma del subconsciente que le insiste en que hay que luchar, en que diferencie qué puede y qué no puede cambiar, y hacia allá va caminando. La adversidad se le convirtió en un motor para reinventarse, reconstruirse por dentro y por fuera, y subir a un nivel superior. En eso está concentrada las veinticuatro horas del día.

Almuerza hacia las 4 de la tarde, come chocolates y toma malteadas para recuperar algo de la grasa y el peso perdido, y dedica el resto del día a trabajar en una investigación que le encomendó el Ministerio del Interior, sobre el fenómeno de quemaduras con ácido. Además, saca tiempo para discutir con asesores de congresistas el contenido de la ley que busca endurecer las penas por este delito y trabaja en un documental sobre el tema, que ya tiene el apoyo de una cadena internacional, cuya investigación ya arrancó.

De manera paralela, coordina sus próximas operaciones, chatea con Alí Pirayesh para que le envíe el Glayderm y hace los papeleos en la EPS para que le aprueben todos los medicamentos que necesita. De hecho, después de su operación número trece fue difícil obligarla a que guardara reposo.

Es rápida mentalmente, está alerta, es inteligente, «frentera» y sagaz. Pero a la vez, amorosa y generosa. Se ríe con facilidad y disfruta del amor que recibe. El 28 de diciembre de 2014, saltó de la dicha cuando su mamá encontró el collar de cinco corazones que llevaba puesto el día del ataque.

«Me encantan los corazones. Con una limpiadita queda perfecto. Lo intercambié con mi prima por unos meses, mientras ella regresa a Europa, porque me parece hermoso. Miren… en cada corazón hay una frase en inglés:

"Mis sueños se hacen realidad", "Soy única, de una clase excepcional"», leía mientras le sonreía a su mamá.

El cirujano Gaviria contactó a unos exalumnos suyos que cultivan piel humana a partir de una muestra extraída de cada paciente y con ello espera suplir la demanda de epidermis que Natalia requerirá en las próximas intervenciones y que ha venido siendo obtenida de su propio cuerpo en procedimientos dolorosos, que requieren anestesia y que dejan marcas para siempre.

El médico Rodrigo Soto y su equipo, del que hace parte Jennifer Gaona, cirujana plástica alumna del doctor Gaviria, son los creadores de esta técnica que ya ha recibido reconocimiento internacional y está siendo patentada. A partir de una muestra de piel sana de cinco milímetros y de sangre del paciente, generan tres láminas recubiertas de células de piel, de diez por diez centímetros. Estas se obtienen luego de seis o siete días del procedimiento inicial, el cual no genera dolor, no es quirúrgico y sana en muy corto tiempo. La técnica reemplazaría los incómodos procesos con dermátomo, evitando el riesgo quirúrgico y las heridas. El martes 17 de febrero de 2015 le hicieron una de estas microintervenciones extrayéndole una pequeña muestra de detrás de su oreja izquierda.

A mediados del 2009, Natalia había buscado a una dermatóloga para que le ayudara a eliminar un lunar que le molestaba. Por referencias de conocidos llegó a las puertas del consultorio privado de Adriana Motta, reputada especialista, a quien nunca más volvió a ver. Cinco años después, se la topó en los corredores del Hospital Simón Bolívar y descubrió que es la jefe del servicio de dermatología y que ella iba a definir qué podría y qué no aplicarle a su nueva piel. Motta revisó su rostro después de hechos los injertos y le pidió suspender de inmediato el aceite de ajonjolí que estaba usando para los masajes. En la costosa fórmula solo quedaron aprobados dos productos. Uno de ellos es el Kelo-cote, un gel de silicona que alisa las cicatrices, reduce el enrojecimiento, baja la comezón que se produce y cuyo costo supera las posibilidades de casi todas las pacientes quemadas. El otro es la baba de caracol de las generosas damas paisas.

Todos los días, Natalia se aplica estos productos, Toti y Camilo la buscan para hacerle los masajes y ella duerme con su máscara lycra. Durante doce horas al día usa la uvex que se mandó a elaborar en España para que presione las cicatrices y contrarreste las queloides, el crecimiento exagerado, fibroso y desordenado del tejido que produce la cicatrización.

Ese ritmo y su disciplina han hecho que su rehabilitación vaya a una mayor velocidad: cinco meses de adelanto con respecto a otros procesos similares, lo que hace prever mejores resultados en muy poco tiempo. Ya no se pregunta por qué lucha sino para qué: hacer visibles a las otras Natalias y darles toda la ayuda que ella ha recibido. Para eso creó y preside una fundación que busca acoger y ayudar de manera integral a las personas atacadas con químicos, «acompañándolas y guiándolas para asegurar que reciban la atención en salud que necesitan y a la que tienen derecho por estar contemplada dentro del Plan Obligatorio de Salud del Sistema General de Seguridad Social en Salud».

El principal propósito es ayudarles a mejorar su calidad de vida, desde todo punto de vista, su autoestima y su inclusión en el entorno familiar, laboral y social. Además, «trabajar en la introducción de penas que disuadan este tipo de agresiones, garantizando su aplicación efectiva».

> Sé que estoy hecha para hacer algo grande y lo estoy haciendo. La vida me está dando la oportunidad de acabar con esto, no puede seguir pasando. Hay muchos casos en la impunidad y después del mío se han registrado cerca de ocho más en Bogotá, Barranquilla, en todos lados. Las autoridades deben hacer algo y la sociedad también porque esto le puede pasar a cualquiera –dice–.

Por eso, también pretende promover actividades que fomenten la educación de la ciudadanía con relación a las acciones que se deben seguir en el momento de sufrir una quemadura o ataque con químicos, para que se mitiguen al máximo los efectos y las secuelas. Igualmente, pretende robustecer el protocolo de atención de urgencias con las acciones que todas las instituciones prestadoras de servicios de salud deben conocer y cumplir en el momento de atender a un paciente con quemaduras con químicos, de forma que se mitiguen al máximo sus efectos y secuelas.

Su idea también es la de acompañar y guiar a las personas atacadas con químicos en el proceso de atención en salud para que se les suministre los servicios a los que tienen derecho y por los que ella y su familia tuvieron que pelear. Pero sus planes son aún más ambiciosos. Ya está promoviendo acciones tendientes a que se disponga de la infraestructura hospitalaria que sea necesaria para una efectiva atención en salud de todas las personas que se vean afectadas por ataques con agentes químicos.

> Me mantengo permanentemente ocupada haciendo hasta lo imposible para salir rápido de esta situación y para ayudar a otras personas que hayan pasado por lo mismo. Cuando voy al Simón Bolívar encuentro casos dramáticos de mujeres quemadas que no tienen siquiera dinero para un pasaje de bus. Mis hermanos y yo les damos lo que tenemos en los bolsillos pero quiero darles mucho más –asegura–.

Por eso, incluso busca las posibilidades de que las personas atacadas con químicos y sus familias puedan vivir en el lugar en donde se encuentre localizada la institución que les esté prestando la atención en salud, al menos mientras culmina su tratamiento. También, gestiona la participación de instituciones públicas y/o privadas, nacionales o extranjeras, para promover acciones que permitan la reinserción de las personas atacadas con químicos a su entorno familiar, social y laboral.

> Natalia no es la misma físicamente. Su apariencia ha cambiado drásticamente, pero su valor y ganas de vivir la hacen hermosa a los ojos de cualquiera. Si alguien creyó que acabaría con ella, se equivocó: Natalia está más viva que nunca, y en su espíritu cabalgan muchos sueños e ilusiones por cumplir. Lo increíble de toda esta historia es que a pesar de todo, ella no alberga odios en su corazón. Eso la hace grande e indestructible. Lo que una persona tiene en realidad es lo que hay dentro de sí. Lo que está por fuera no debe tener importancia alguna. Mientras haya un alma noble en esta tierra, la perversidad no podrá echar raíces.

Con las anteriores palabras de Abelardo de la Espriella coinciden las de Alejandro Gutiérrez de Piñeres, tío de Natalia:

> Quisieron quitarle su rostro, «cosificarla» para hacerla suya, pero ella no lo permitió, se volvió más humana. Con el ataque, lo que ese hombre hizo fue inmortalizar su rostro, volverlo universal. Está registrado en la memoria de cientos de personas en todo el mundo.

Aunque mi sobrina fue el caso novecientos y pico, ha sido el único en el que el país fue testigo de un ataque con ácido: nos dimos cuenta que Natalia podía ser cualquiera en cualquier esquina y nos volvimos el papá, la mamá, el hermano, el amigo de la víctima. Verlo en un video nos hacía testigos del horror y no podíamos ya ser indiferentes. Fue la primera vez que la prensa se volcó sobre un caso específico e incluso empezó a decirle a la gente qué hacer en caso de que le pase a usted, a su hija. Con Natalia quedó demostrado que por cada agresor hay mil ángeles y que nadie puede permanecer indiferente ante un ataque de esta magnitud.

Además de las ganas de sanación personal, en cuerpo y alma, del amor de su familia y del apoyo de los médicos y de otros «ángeles», hay otro motor que mueve a Natalia a saltar de la cama cada mañana.

Quiero que todas las Natalias reciban el mismo apoyo y amor que yo he recibido. Que tengan fácil acceso al Glayderm, a las máscaras de Uvex, a la hidroterapia, al apoyo sicológico y siquiátrico, a la justicia. Que estos casos no queden impunes nunca más y que el rigor de la justicia evite que los casos sigan en aumento. También quiero visitar la cárcel donde está mi agresor, mirarlo a los ojos y decirle que no le guardo ningún rencor. Que me mire y compruebe que ¡aquí está Natalia Ponce de León Gutiérrez de Piñeres, viva. ¡Míreme!

Arma letal

Hasta finales de los ochenta y principios de los noventa, los casos con quemadura por ácido que llegaban de manera esporádica al Hospital Simón Bolívar de Bogotá estaban relacionados casi exclusivamente con el narcotráfico. Personas, en su mayoría de estratos bajos, aparecían en urgencias con sus rostros, manos y cuerpos lesionados por el estallido de laboratorios artesanales, incrustados en las selvas del sur del país, en los que procesaban cocaína para grandes carteles. Por ese uso ilegal, su importación, fabricación, distribución, transporte y utilización empezó a ser controlada por el Estado junto con otras diecisiete sustancias químicas, entre ellas el ácido clorhídrico, el cloroformo, la acetona y el éter. [9]

---

9   Resolución 0009, 18 de febrero de 1987, Consejo Nacional de Estupefacientes.

En esa misma década la mafia colombiana le empezó a dar otro uso a los agentes químicos. Los convirtieron en un mecanismo para borrar sus pulpejos y evitar ser identificados por las autoridades a través de la toma de huellas decadactilares. Estas organizaciones criminales también los adoptaron, además, como método de tortura. Uno de los casos más sonados y documentados por la Fiscalía General de la Nación fue el del teniente de infantería (r.) Ricardo Andrés Petersson Bernal. El brillante y apuesto oficial fue asesinado por orden del clan mafioso Urdinola acusado de sostener una relación sentimental con Lorena Henao, esposa del capo Iván Urdinola Grajales. El conductor de Lorena Henao le contó a la Fiscalía que Petersson fue quemado con ácido en sus genitales y mutilado, antes de recibir un disparo en su cabeza y de que su cuerpo fuera descuartizado y arrojado al río Cauca.

En expedientes judiciales también hay registro de que los grupos paramilitares y la llamada «Oficina de Envigado», aparato criminal al servicio del narcotráfico, han usado agentes químicos para torturar a sus víctimas, desintegrar sus cadáveres y borrar evidencia. Entre otros oscuros episodios, ese método criminal fue usado en Dabeiba (Antioquia), en noviembre de 1997, en donde paramilitares asesinaron a varios campesinos en la llamada masacre de La Balsita.

Según la Policía Antinarcóticos, la mafia acapara buena parte del mercado ilegal del ácido sulfúrico en Colombia. Con quinientos galones, que valen 45 millones de pesos, se pueden procesar hasta tres toneladas de cocaína que, puestas en mercados negros europeos superan los 75 millones de dólares. Pero los agentes químicos también se han convertido en un arma de la delincuencia común para cometer robos o cobrar venganzas. De hecho, los ataques con ácido han aumentado progresivamente, hasta ubicar a Colombia en el tercer lugar de agresiones con esa sustancia, a nivel mundial. Entre 2011 y 2012, Pakistán registró 177 casos; Bangladesh, 221; y Colombia, 136.

No obstante, el país quedaría en primer lugar si el número de agresiones se mide según el número de habitantes y el género femenino de las víctimas. Bajo ese rasero, Colombia quedaría por encima de Bangladesh y Pakistán, según cifras del 2011. Según ese cálculo, en Colombia, con 46 millones de habitantes, se reportaron 42 casos de ataques con ácido a mujeres (1 por cada 1.095.238 habitantes), mientras que para el mismo año en otros países como en Bangladesh, con 167 millones de habitantes, se presentaron 91 casos (1 por cada 1.835.165 habitantes) y en Pakistán, que tenía una población de 200 millones de habitantes, ocurrieron 150 ataques a mujeres (1 por cada 1.333.333 habitantes). [10]

---

10   En: www.feminicidio.net

En todos esos ataques la zona más afectada fue el rostro de las víctimas, que hace parte de la identidad de cualquier persona, un derecho fundamental que permite ser reconocido y aceptado por el Estado y por la sociedad. Y a Natalia se lo arrebataron en una flagrante violación a la dignidad humana.

Si bien en todos los casos se trata de una degradación de la conducta de las personas, en países asiáticos este tipo de agresiones están ligadas a fanatismos religiosos, a extremismos ideológicos, a conflictos por dotes y tierras, y a una cruel subordinación del género femenino. Todo esto, inmerso en un marco de subdesarrollo social de países con índices de pobreza extremos. Sin embargo, también se han registrado agresiones de este tipo en Italia e incluso en el Reino Unido, en donde las víctimas pertenecen a todos los estratos.

Entre 2011 y 2012 se registraron 105 admisiones a hospitales en Inglaterra debido a agresiones con sustancias corrosivas.[11] Y según el experto Jafar Shah, director ejecutivo de Acid Survivors Trust International (Asti) –ONG que

---

11 «La tragedia de los ataques con ácido en el mundo». BBC *Mundo*, agosto 11 de 2013.

trabaja para frenar este tipo de ataques en todo el mundo–, en Londres los casos de hombres atacados son mayores, pero estos se han abstenido de denunciar a sus victimarios ante la Policía, lo que indicaría que pertenecen a pandillas. Por este motivo, hay un alto subregistro en las denuncias, fenómeno similar al que se vive en Colombia.

Lo siguiente es lo que han documentado los expertos:

> Esta modalidad permite ocasionar grandes daños físicos y psicológicos por la intención del agresor de producir deformidad en el rostro, rara vez con compromiso de la vida. Las motivaciones y los factores de riesgo relacionados con los ataques por quemaduras químicas, varían según el país o la ciudad donde se presenten. Se observan diferencias epidemiológicas entre los países desarrollados y los países en desarrollo. Por ejemplo, en Estados Unidos la mayoría de las quemaduras químicas por agresión están relacionadas con hechos tales como pertenecer a grupos minoritarios y con la preexistencia de trastornos por uso de alcohol u otras sustancias psicoactivas. En Nueva York, el abuso de alcohol es una condición predisponente en el cincuenta por ciento de los casos reportados. En Seattle, se relaciona con ser habitante de la calle y en el Reino Unido, es predominante relacionada con pertenecer al género masculino. Se ha observado que en los países en desarrollo los problemas psicosociales en las comunidades son la causa principal que ocasiona agresiones con ácido.[12]

---

[12] Gaviria Castellanos Jorge Luis, Gómez Ortega Viviana e Insuasty Mora Raúl. «Agresiones con químicos en Colombia, un problema social». *Revista Colombiana de Cirugía Plástica y Reconstructiva*, junio de 2014, volumen 20.

Dos de los casos que más relevancia han tenido a nivel mundial son los de la modelo británica Katie Piper y el del director del Ballet Bolshoi, Sergei Filin.

El 18 de enero de 2013, al llegar al edificio donde vivía, en Moscú (Rusia), un hombre enmascarado llamó a Filin por su nombre y le arrojó ácido en el rostro y ojos causándole quemaduras de tercer grado. Mientras el agresor huía con un acompañante, Filin cayó sobre la nieve, prácticamente ciego. Registros oficiales y de prensa dicen que el artista, de 42 años, se arrastró hasta una caseta de vigilancia y le pidió al guardia llamar a una ambulancia. Días antes del ataque sus cuentas en redes sociales habían sido hackeadas y le habían rajado las llantas de su carro con un arma blanca. Tras el ataque, el director fue llevado de urgencia a un hospital para intentar salvarle sus ojos y luego fue trasladado en un avión privado hasta Alemania para recibir tratamiento especializado. Allá fue sometido a veintisiete cirugías plásticas y aunque se recuperó satisfactoriamente, tan solo le salvaron el cincuenta por ciento de su ojo izquierdo y las cicatrices en su cara son visibles.

Once meses después del ataque, las autoridades rusas ubicaron a los responsables y los condenaron en una especie de juicio exprés. Sin embargo, las penas impuestas por la justicia rusa no se compadecen con el daño causado: Filin quedó prácticamente ciego y emocionalmente afectado.

Por ese ataque, Pavel Dmitrichenko, el solista estrella del ballet, fue sentenciado a nueve años de prisión. Según la Agencia de Información Legal de Rusia, Dmitrichenko admitió haber planeado la agresión e intentó atribuirlo a una especie de acoso profesional del que supuestamente venía siendo víctima por parte de Filin. Sin embargo, juró que nunca se imaginó que la agresión tuviera las consecuencias graves que alcanzó. Por eso obtuvo una rebaja de la pena. El exconvicto Yuri Zarutsky, admitió haber sido la persona enmascarada que llevó a cabo el ataque a Filin y recibió una condena de diez años de cárcel. Y Andrei Lipatov, quien actuó como conductor de Zarutsky, recibió seis años de prisión.[13]

En contraste, el agresor de la modelo Katie Piper, recibió prisión perpetua como castigo. Su caso se remonta a 2008, cuando ella tenía apenas veinticuatro años de edad y ascendía rápidamente en su carrera como modelo y presentadora de televisión. A través de una red social conoció a Danny Lynch, un sujeto ocho años mayor que ella, con quien inició una relación tormentosa. Cuando su noviazgo apenas llevaba un mes, Lynch la violó durante todo un día en un hotel cinco estrellas y luego, con la complicidad de su amigo Stephan Sylvestre, la interceptó

---

13 «Bolshoi Ballet dancer Pavel Dmitrichenko sentenced to six year in prison over acid attack on artistic director Sergei Filin». *The Independent,* 3 de diciembre de 2013.

saliendo de su casa, en Londres. Mientras él la llamaba a su celular, para que Piper aminorara el paso y bajara la guardia, Sylvestre le arrojó ácido sulfúrico, desfigurándole la cara, parte del cuello, los hombros y los brazos.

La modelo sufrió quemaduras de tercer grado y el violento ataque le derritió la nariz y las orejas, le afectó su lengua e ingresó hasta uno de sus pulmones. Fue llevada de urgencia al Chelsea Westminster Hospital, de Londres, para salvarle la vida y duró siete semanas en la Unidad de Cuidados Intensivos. Cuando reaccionó, inicialmente pidió ayuda, escribiéndole un mensaje a su madre. Pero luego agregó: «¡Mátame¡». En los últimos años, se ha sometido a casi un centenar de operaciones para su reconstrucción facial, que ha sido extraordinaria. En una de ellas, estuvo doce días en coma inducido y recibió células madre en su ojo derecho para recuperar parte de la visión. Ahora, al igual que Natalia, tiene una fundación para ayudar a víctimas de ataques con ácido y también brinda apoyo a personas con anorexia, depresión severa, violencia intrafamiliar y hasta soledad.[14]

En una de sus charlas con el cirujano Alí Pirayesh, Natalia tocó el caso Piper. «Supe que él conocía muy bien a los cirujanos que operaron a Katie y le pedí que me dijera

---

[14] «I'm no longer that blonde who had acid thrown in her face». *The Daily Mirror*, mayo 21 de 2012.

sinceramente si era posible que yo obtuviera un nivel de recuperación física similar al de ella. Alí me dijo que si bien Katie no había contado con la suerte de tener Glayderm, mis quemaduras son mucho más profundas que las que ella recibió en su rostro», admite Natalia.

Sin embargo, Pirayesh le manifestó que las técnicas para tratar este tipo de lesiones han progresado notablemente en los últimos años: «Además, usted es una persona hermosa y brillará desde el exterior también», le pronosticó el cirujano holandés.

En Colombia, la visualización de este delito es reciente al igual que las medidas para contrarrestarlo, como muestra de un claro rezago legal y social.[15] A finales de los noventa, mientras para algunos países de Asia uno de sus enemigos ya era el ácido, Colombia ni siquiera tenía en su radar este delito a pesar de que ya empezaba a figurar en las estadísticas.

Por el contrario, en la década de los noventa, en Asia el fenómeno se convirtió en un problema de salud pública. Se fue extendiendo a tales niveles que obligó a varios

---

15 «Ataques con ácido son un problema mundial», diario *El Tiempo*, septiembre 5 de 2014.

gobiernos a adoptar leyes específicas para castigar los ataques con agentes químicos, aislándolos de otras conductas, como las lesiones personales o la violencia intrafamiliar. Bangladés fue el pionero. Agobiado por decenas de ataques contra sus niñas y mujeres, su gobierno elevó esta conducta a pena de muerte. Para que la pena capital fuera aceptada como castigo, durante semanas se expusieron en detalle decenas de casos extremos de desfiguración facial y destrucción emocional. Además, se demostró cómo la mitad de las agresiones en ese país están vinculadas a rechazos de propuestas de matrimonio, considerados una afrenta dentro de algunas de las castas en las que se divide la sociedad. Casi una cuarta parte corresponde a la llamada violencia de género, ejercida por esposos o por el entorno familiar. Y cerca de una décima parte de agresiones responden a disputas por el control de tierras. Solo un dos por ciento de los casos documentados tienen como origen el rechazo sexual de las víctimas hacia los agresores.[16]

Los castigos quedaron estipulados en la ley Acid Crime Control Act (ACCA), promulgada en 2002. El documento, que sirvió de modelo para otros países, establece que si el ataque causa un grave daño en el rostro, pecho y/u órganos sexuales o le genera a la víctima una pérdida de la

---

16   «Bangladesh, ataques con ácido», Acid Survivors Foundation.

vista o del oído, el agresor puede ser condenado a cadena perpetua o a pena de muerte. Si otra parte del cuerpo es mutilada, el agresor puede afrontar una condena de entre siete y catorce años de cárcel y una multa equivalente a setecientos dólares. Adicionalmente, arrojar o intentar arrojar ácido sin causar ningún daño físico o mental también se castiga con penas de entre tres y siete años de prisión y una multa equivalente a setecientos dólares. Los cómplices en estas conductas reciben la misma pena que los autores materiales del crimen.[17]

ONG internacionales, que visibilizaron mundialmente esta tragedia y empezaron a apoyar a las cientos de víctimas, lograron que la ACCA habilitara centros de atención médica y rehabilitación de víctimas quemadas por ácido, apoyo jurídico y control y castigo para la venta ilegal o indiscriminada de agentes químicos. Además, en cada distrito, se habilitó un tribunal especial para casos de ácido, los cuales tienen noventa días para adelantar los juicios, que deben ser resueltos en menos de un año.

Camboya promulgó una legislación similar en 2012, que también contempla penas altas para los agresores, la obligación gubernamental de proveer atención médica, jurídica y rehabilitación para las víctimas y la formulación

---

17 «Acid Crime Control Act (ACCA)». *Bangladesh Gaceta Oficial Extraordinaria*, 17 de marzo de 2002.

de un sistema regulador del comercio de ácido. En 2011, el turno fue para Pakistán. Su parlamento aprobó unánimemente la Criminal Law Amendment Act, según la cual los responsables de un ataque con ácido pueden enfrentar cadena perpetua. Allí, estos ataques tienen un ingrediente adicional: el machismo islamista-talibán que también penetró en Afganistán y que establece reglas fundamentalistas que marginan a la mujer dentro de la sociedad.

Es tan fuerte la discriminación que, tres años atrás, el parlamento pakistaní aprobó una ley de Prevención de Prácticas Misóginas, para empoderarlas y protegerlas, y para endurecer las penas por este tipo de violencia. La ONG Acid Survivors Foundation, (ASF), asegura en sus estudios sobre este fenómeno que en Pakistán el número de mujeres y niñas atacadas con ácido por contravenir las reglas fundamentalistas supera el centenar al año. Pero también admite que el endurecimiento de penas ha aumentado las sanciones penales. Hasta 2011, tan solo el seis por ciento de los casos denunciados acababa en condenas contra el agresor. Ahora, las sentencias subieron a un dieciocho por ciento y tan solo se requiere como evidencia el ataque de la víctima. No obstante, Amnistía Internacional ha denunciado que las investigaciones que adelanta la Policía de ese país suelen verse contaminadas «por las influencias políticas o familiares, la corrupción y la falta de formación básica para tratar la violencia de género». Además, la atención a las mujeres atacadas es deficiente y los centros médicos habilitados para ello carecen de fondos y de atención especializada.[18]

Para la ONG Sobrevivientes del Ácido es claro que muy pocos atacantes son castigados porque las víctimas suelen ser personas de muy bajos recursos y analfabetas, que desconocen por completo sus derechos.[19]

En Irán, otro epicentro de estos horrores, también se contempla la pena de muerte y en la mayoría de casos se exige que el agresor capturado sea enceguecido con gotas de ácido, castigo que, en casos excepcionales, puede ser conmutado, por solicitud de la víctima, al pago de una multa que permita su rehabilitación. Y una pena idéntica se aplica, desde 2013, en India. Allí, la agresión con ácido también es un tipo penal independiente que contempla penas de prisión no menores a diez años y que según la gravedad del daño pueden llegar a la cadena perpetua. De hecho, si la víctima accede, el agresor puede sufrir un daño físico equivalente, recibiendo gotas de ácido puro en sus ojos.

---

18 «Nuevos proyectos de ley en Pakistán». Amnistía Internacional, 13 de diciembre de 2011.
19 «Legal Justice for victims of acid violence». Acid Survivors Foundation, 2015.

En Afganistán los ataques con ácido también han sido usados por los talibanes como mecanismo para prohibirles a las niñas asistir al colegio. A finales de 2008, cinco adolescentes y cuatro profesoras fueron quemadas con ácido de batería cuando se dirigían a la Mirwais Nika Girls High School de Kandahar. El presidente Hamid Karzai ordenó el arresto de los culpables y dijo que serían ejecutados en público, como mecanismo para frenar estos actos.

Colombia, al igual que el resto del mundo, veía con horror estos crímenes que parecían muy lejanos, incluso siempre se ha considerado un exceso la sanción de pena de muerte a los victimarios, prohibida en la Constitución Política colombiana: de hecho, sin suerte, se ha intentado introducirla como castigo para otros casos atroces, como la violación a menores de edad. De hecho, mientras en países como Pakistán se han venido endureciendo progresivamente las penas, logrando una disminución en el número de ataques, en Colombia la legislación en esta materia era prácticamente nula y no tenía previstos castigos severos para los victimarios. Ni siquiera garantizaba la atención integral para las víctimas y su «reinserción» laboral, dada su condición especial de deformidad.

No obstante, el aumento en el número de casos de quemaduras con agentes químicos y las constancias de los médicos, que aseguran que este tipo de agresiones se convirtió en una de las formas de violencia interpersonal e intrafamiliar, llevaron a un primer ajuste de la legislación sobre el tema.

Desde hacía algunos años, el Hospital Simón Bolívar venía trabajando al respecto y logró conformar mesas de trabajo con representantes de diferentes orillas para buscar que el Estado proteja a este tipo de pacientes. Durante meses se trabajó de manera conjunta para este fin con médicos especialistas, el Ministerio de Salud, la Superintendencia del ramo, la Fiscalía General y el Instituto Nacional de Salud, entre otros actores.

El 13 de marzo de 2012, los senadores Alexandra Moreno y Carlos Baena, del Movimiento Mira, y los representantes Óscar Marín, del partido Liberal, y Gloria Díaz, también del Mira, radicaron un proyecto con el que buscaban castigos de hasta veinte años para los agresores. Dieciséis meses después, y con algunos ajustes, se convirtió en Ley de la República: la 1639 del 2 de julio del 2013. [20]

En el papel, dicha normatividad «fortalece las medidas de prevención, protección y atención integral a las vícti-

---

20 En: http://www.epssura.com/files/LEY_1639_DEL_2_DE_JULIO_DE_2013.pdf

mas de crímenes con ácido, álcalis o sustancias similares o corrosivas que generen daño o destrucción al entrar en contacto con el tejido humano». Hasta ese momento, los agresores que causaran deformidad a una persona, tan solo recibían una pena de uno a seis años y una multa de hasta veinticinco salarios mínimos. Pero la ley elevó esa sanción hasta diez años y medio, lo que sigue siendo bajo comparado con las sanciones en otros países.

A través de esos ajustes también se estableció una pena mínima de seis años y máxima de veinte años de prisión para los victimarios, con lo cual se sacó a la agresión con ácido del marco de las lesiones personales y de los delitos excarcelables, beneficio que según la legislación colombiana tienen los tipos penales con condenas inferiores a cuatro años.

> *Artículo 113. Deformidad. Si el daño consistiere en deformidad física transitoria, la pena será de prisión de dieciséis (16) a ciento ocho (108) meses y multa de veinte (20) a treinta y siete punto cinco (37. 5) salarios mínimos legales mensuales vigentes. Si fuere permanente, la pena será de prisión de treinta y dos (32) a ciento veintiséis (126) meses y multa de treinta y cuatro punto sesenta y seis (34.66) a cincuenta y cuatro (54) salarios mínimos legales mensuales vigentes. Si el daño consistiere en deformidad física causada usando cualquier tipo de ácidos; álcalis; sustancias similares o corrosivas que generen daño o destrucción al entrar en contacto con el tejido humano, incurrirá en pena de prisión*

> *de setenta y dos (72) a ciento veintiséis (126) meses y multa de treinta y cuatro punto sesenta y seis (34.66) a cincuenta y cuatro (54) salarios mínimos legales mensuales vigentes. Si la deformidad afectare el rostro, la pena se aumentará desde una tercera parte hasta la mitad.[21]*

Sin embargo, el tema se está volviendo a analizar porque ya está probado que las supuestas lesiones personales se pueden transformar, en cuestión de segundos, en un asesinato, convirtiendo a los agentes químicos en un arma letal. La mejor prueba fue lo sucedido doce días después del ataque a Natalia Ponce de León. El joven Alejandro Correa Castaño, de veintidós años, murió en el Hospital San Vicente de Paul, de la ciudad de Medellín, luego de haber sido agredido con ácido fluorhídrico en una calle de la localidad vecina de La Estrella (Antioquia).

Viviana Castaño, su prima, reveló que los médicos diagnosticaron que el agente químico le había llegado al cerebro y a los pulmones, matándolo en pocas horas. Y, según el parte médico del San Vicente, también tuvo lesiones en cara, cuello, espalda, tronco y ambas extremidades superiores, comprometiéndole las vías respiratorias. Testimonios de vecinos, que aparecen en el expediente, aseguran que, en segundos, Correa quedó como un monstruo:

---

21 Ley 1639 del 2 de julio del 20013, por medio de la cual se fortalecen las medidas de protección a la integridad de las víctimas de crímenes con ácido y se adiciona el artículo 113 de la ley 599 de 2000. República de Colombia.

«Los ojos eran grises, la cara estaba desfigurada y se empezó a poner verde". Según un parte de la Policía, la sola inhalación del ácido fue la que le afectó el cerebro.

El bluyín que Natalia llevaba el día del ataque no fue recogido de inmediato por las autoridades con la demás ropa que llevaba puesta. Sin embargo, fue cuidadosamente embalado en un plástico especial y envuelto con cinta gruesa para que, dentro de la cadena de custodia, la Sijín lo recogiera como parte de la evidencia de la agresión. Cuando se abrió el paquete, cuatro o cinco meses después, aún salían fuertes vapores del pantalón, los taches de metal se estaban desintegrando poco a poco y el tejido estaba deshecho. Las yemas de los dedos del encargado de sacarlo quedaron carrasposas durante un par de días por el contacto con ese material, lo que permite dar una dimensión del poder destructor del agente químico y confirma lo letal de su accionar.

Para el penalista Abelardo de la Espriella, a medida que la sociedad avanza y se vuelve más decadente con episodios como el de la destrucción de rostros con ácido, el derecho debe adecuarse a esos retos:

> Los ataques con ácido se han vuelto un despreciable método, importado de otras latitudes. Pero, a pesar de las cifras oficiales, que

dan cuenta del escalamiento progresivo de este tipo de ataques, nuestra legislación sigue rezagada, pues dichos eventos son considerados lesiones personales, cuando en realidad deberían ser tratados como un tipo penal autónomo, que contemple las más altas y duras penas.

En 1996, al Simón Bolívar tan solo llegó un caso de agresión con agente químico, pero, en 2014, se cerró la cuenta de pacientes quemados con ácido en veintiocho, algunos remitidos de otras partes del país. Las víctimas de estas conductas delictivas suelen ser personas de entre veintiuno y 35 años, en promedio y, aunque la mayoría son mujeres, a partir de 2011 los hombres ingresaron a la lista de pacientes y hoy representan un 49 por ciento. Sin embargo, estadísticas del Simón Bolívar y del Instituto de Medicina Legal, indican que son las mujeres quienes reciben lesiones más graves y deformantes.

Debido a su frecuencia, Medicina Legal empezó a discriminar este tipo de agresiones desde 2004. Al cierre de 2014, aparecían 982 personas lesionadas con agentes químicos.

Bogotá registra el mayor número de casos, con 242, seguido por el departamento de Antioquia, con 157; Valle, con 109; Cundinamarca, con 62; y Santander, con 52. Ni en Amazonas, ni en Vaupés se han reportado agresiones.

Pero en el resto de departamentos, incluido San Andrés, sí hay víctimas. Curiosamente, los jueves, como aquel 27 de marzo de 2014 (día en que Natalia Ponce fue atacada) son los días en los que hay más reportes: 155. Y Medicina Legal también ha encontrado que el rango de hora en la que más suceden este tipo de lesiones es entre las 12 de día y las 5:59 de la tarde, con 345 casos. El de Natalia fue a las 5:33 p.m.[22]

Y aunque autoridades insisten en que algunos casos de lesiones por agente químico obedecen a accidentes laborales, para Medicina Legal es claro que hubo violencia interpersonal en 843 de los 982 incidentes registrados en la última década. En 105 casos las víctimas quedaron con graves deformidades de por vida en su cuerpo y rostro; veinticinco perdieron la funcionalidad de algún órgano o miembro y cuatro quedaron con perturbaciones psíquicas. Incluso, una víctima abortó después de ser atacada. Y aunque Medicina Legal no tiene discriminado ni disponible el número de personas que han muerto por este tipo de ataques así como tampoco información sobre el estrato social y oficio de las víctimas, sí conoce su nivel educativo: 306 dijeron tener primaria; 344, secundaria; y solo 102 son profesionales.

---

[22] Sistema de Información para el Análisis de la Violencia y la Accidentalidad – SIAVAC y Sistema de Información de Clínica y Odontología Forense – SICLICO, del Instituto Nacional de Medicina Legal y Ciencias Forenses.

«La mayoría de las víctimas, tanto hombres como mujeres, sufrieron agresiones en cara, seguido de combinaciones de varias partes del cuerpo y, en tercer lugar, compromiso de extremidades. Esta distribución corporal de lesiones refleja la intención del agresor de producir daño y deformidad en el rostro», anota el cirujano Gaviria en un estudio que hizo a mediados de 2014, tomando como un insumo las estadísticas de Medicina Legal.[23]

Ese mismo análisis, que recoge datos de entre 2008 y 2012, señala que en el 41,4 por ciento de los casos registrados no se pudo establecer quién fue el agresor. El resto se distribuye entre una pareja o expareja, un vecino, un familiar, miembro de la delincuencia común, un conocido del estudio, un amigo y en último lugar, la guerrilla. La causa más común de la agresión aparece vinculada a riñas y otro tipo de conflictos interpersonales. De hecho, para Gaviria y sus colegas es claro que este tipo de ataques tiene por objeto ejercer y afianzar la jerarquía de una persona sobre otra. Para ellos, dicho patrón se registra a nivel intrafamiliar, del hombre sobre la mujer, niños y adultos mayores, y a nivel interpersonal en la sociedad, del empleador al empleado.

---

23 Gaviria Castellanos Jorge Luis, Gómez Ortega Viviana e Insuasty Mora Raúl. «Agresiones con químicos en Colombia, un problema social». Revista Colombiana de Cirugía Plástica y Reconstructiva, junio de 2014, volumen 20.

La justicia británica, por ejemplo, estableció que el agresor de Katie Piper, condenado a cadena perpetua, era un celópata con desórdenes emocionales. En el caso del director del Ballet Bolshoy, Sergey Filin, el patrón se invirtió y fue el empleado quien atacó al empleador.

Gaviria y su grupo también indagaron sobre el tipo de agentes químicos que suelen usar los agresores para perpetrar estos ataques y encontraron un listado aterrador, al alcance de cualquier persona: va desde ácido de batería hasta los muriáticos, sulfúricos y cáustico, utilizados comúnmente para limpieza de tuberías domésticas e industriales. Además, gas pimienta, gasolina, pegante industrial, cal, cemento, ACPM, disolvente, formol, fumigante, hipoclorito, pintura, pólvora, silicona y otras sustancias irritantes.

Las lesiones que producen estos agentes y las cifras de víctimas llevan a concluir a los expertos que «las quemaduras por agentes químicos producto de una agresión han venido en aumento progresivo durante los últimos años en el país convirtiendo este delito en un problema de salud pública» y a los agentes químicos en una especie de arma letal.[24]

---

24 *Ibídem.*

De hecho, es claro que hay un subregistro en las denuncias de este tipo de agresiones. El miedo a mayores retaliaciones pareciera ser la principal causa:

«En la mayoría de casos todas las víctimas saben quién las atacó aunque se lo oculten al cuerpo médico y a las autoridades», explica la cirujana plástica Patricia Gutiérrez en plena concordancia con investigadores de la Fiscalía. Pero también hay casos en los que las víctimas desconocen por completo de dónde proviene la agresión y quién es el victimario. De hecho, solo hasta ahora las autoridades están estudiando y discriminando estadísticamente a este respecto para establecer cuál es su real dimensión en Colombia y para tomar medidas especiales, como la creación de un grupo élite que los investigue exclusivamente y proteja a las potenciales víctimas.

Aunque todas las autoridades están de acuerdo en que se trata de un fenómeno creciente y alarmante, la Fiscalía General de la Nación toma distancia de algunas estadísticas. Sus voceros afirman que está circulando una multiplicidad de datos e información sobre ataques con agentes químicos que no concuerdan con los que ellos tienen disponibles desde el punto de vista judicial. Para la Fiscalía es claro que no toda lesión con agente químico corresponde al criterio de agresión o ataque. Incluso, después de cruzar las estadísticas presentadas por el Instituto de Medicina Legal y Ciencias Forenses y las de otras instituciones (que acumulan 982 ataques), con sus bases de datos, encontraron que hay un desfase que por lo menos llama la atención. Las investigaciones de orden penal efectivamente adelantadas en el país, entre el año 2005 y noviembre de 2014, apenas alcanzan las 134 en los 32 departamentos.

Para establecer esa cifra se solicitó a cada una de las direcciones seccionales de la Fiscalía que diligenciara una matriz en la que se reportaron los casos adelantados por agresiones ocasionadas con ácido o sustancia similar y se confrontó con el sistema misional SPOA (la base de datos de procesos y procesados), lo que los llevó a concluir que puede haber un gran subregistro de denuncias o que se están mezclando orígenes y causas de las agresiones.

Con el propósito de establecer una real situación de este fenómeno, dicha matriz se alimenta ahora de manera permanente. Y se discriminan factores que logren dar luces sobre la frecuencia, origen y consecuencias de estos ataques. Entre otros puntos, se revisa que la agresión haya sido ocasionada con ácido, ya que en muchos casos el agente usado ni siquiera se individualiza para ser analizado por expertos forenses. También se tiene en cuenta si el ataque ocasiona o no una grave afectación a la vida e integridad física de la víctima, con un enfoque diferencial y de género. Esa última variable ha permitido confirmar que las agresiones con agentes químicos no tienen como víctimas exclusivas a las mujeres y que las mismas no siempre son ocasionadas por su condición de ser mujer. En los procesos que lleva la Fiscalía hay 99 víctimas mujeres y 35 hombres.

A pesar de ser este un estudio criminalístico en proceso, ha permitido concluir que en Colombia las sustancias químicas están siendo utilizadas como elemento intimidante para cometer otro tipo de delitos, como hurtos callejeros. Esto llevará sin duda a ampliar el espectro de víctimas a cualquier estrato o condición social.

Bogotá de nuevo se sitúa en el primer lugar de agresiones judicializadas ante la Fiscalía, con 55 casos; seguida por Medellín, con catorce; en tercer lugar está Cali, con diez reportes; y el departamento del Cauca, con seis. El resto de procesos están regados por todo el país e incluyen los departamentos de Atlántico, Arauca, Bolívar, Boyacá, Caldas, Caquetá, Cesar, Córdoba, Chocó, Cundinamarca, Huila, Nariño, Norte de Santander, Risaralda, Santander, Quindío, Putumayo y Valle.

Pero hay un dato, más allá del número de casos, que llama la atención y que puede estar ligado tanto al miedo de las víctimas como a la inoperancia de la justicia: de las 134 investigaciones judiciales encontradas, trece fueron archivadas y tan solo cinco casos han llegado a una condena contra los victimarios. Según esos registros, la justicia colombiana ha castigado estas conductas bajo el rótulo de lesiones personales dolosas, homicidio y homicidio en la modalidad de tentativa.

Ocho de los casos judicializados están en investigación, 98 en indagación, dos en la etapa de acusación y diez en juicio, incluido el de Natalia Ponce de León.

El archivo legal de casi un diez por ciento de los casos, se debe a varios factores. Entre otros, la propia Fiscalía admite que hay poca información que permita identificar al agresor. Además, que no se preserva inmediatamente el lugar en donde ocurrió el ataque (la escena del crimen), lo que dificulta la recolección de elementos materiales probatorios y de evidencia física. Por lo general, la escena del crimen es manipulada por terceros y se pierde parte de la información que podría llevar a la identificación y captura de los responsables.

El ente acusador también se queja de la ausencia de cámaras de video en varias de las zonas donde ocurren los hechos. Estos elementos, pensados inicialmente para disuadir todo tipo de delitos, terminan brindando pistas claves que van desde la fisonomía del agresor hasta las rutas de llegada y escape. En muchos casos documentados, tampoco se ha podido determinar la sustancia con la que es agredida la persona y los dictámenes provisionales que entrega Medicina Legal, usados en la etapa de acusación y juicio, no permiten evaluar la gravedad definitiva de la lesión. Lo que más llama la atención es que la Fiscalía ha encontrado casos en los que las propias víctimas se han negado a colaborar dentro de la investigación y también hay una marcada ausencia de colaboración de la ciudadanía por apatía o miedo.

A pesar de esas falencias, las estadísticas dan fe de que este tipo de agresiones va en un preocupante ascenso. Natalia Ponce de León fue la paciente número once de las veintiocho que llegaron al Hospital Simón Bolívar en 2014.

Ese panorama y el impacto que produjo el caso Ponce de León, llevaron a la Fiscalía a tomar varias acciones de fondo. La más importante, tal vez, es la creación de un grupo especial de apoyo a las investigaciones por agresiones con ácido u otras sustancias químicas, el cual está conformado por cuatro funcionarios de policía judicial del Cuerpo Técnico de Investigaciones (CTI) y un fiscal permanente. El equipo tiene como única misión establecer las líneas de investigación de los casos de quemaduras con agentes químicos, realizar las labores de policía judicial apropiadas, aplicar técnicas especiales de investigación y dar celeridad al ejercicio de la acción penal.

Además, este grupo élite es el encargado de entrevistar a las víctimas y testigos de las agresiones, de realizar las inspecciones judiciales, de hacer la búsqueda selectiva de evidencia en bases de datos, de trabajar coordinadamente con los fiscales que adelantan las investigaciones, labores de vecindarios, identificación y ubicación de víctimas, indiciados y testigos. También tienen la obligación de acompañar a las víctimas a las valoraciones que realiza el Instituto de Medicina Legal para establecer las secuelas permanentes causadas por estos ataques.

El CTI y la Policía Nacional también están revisando de manera conjunta los manuales y procedimientos utilizados para el abordaje de los actos urgentes en los casos de agresiones con ácido, para corregir los errores cometidos en la recolección de los elementos materiales probatorios y la evidencia física legalmente obtenida. En esta línea de acción se planteó que las unidades móviles de criminalística que atienden los casos de homicidios, apliquen las mismas técnicas (adecuadas al caso) para acordonar la escena del crimen y fijar los elementos materiales probatorios y la evidencia física. A través de sus direcciones seccionales, la Fiscalía también empezó a realizar comités técnico-jurídicos con la finalidad de revisar todas las investigaciones, para evaluar los planes metodológicos, las labores de policía judicial, las dificultades presentadas y, de esta manera, proponer planes de acción que superen los obstáculos para lograr resultados investigativos que permitan la identificación y judicialización de los responsables.

Aunque está claro que los hombres también son víctimas de este tipo de agresiones, la Dirección Nacional de Fiscalías consolida metodologías de investigación en las que ha incorporado el enfoque de género, atendiendo a la connatural vulnerabilidad que comporta el solo hecho de ser víctima de este tipo de hechos. En este sentido se implementó el Plan Integral de Acción para la Defensa de los Derechos de las Mujeres Víctimas de Agresiones con Agentes Químicos, que responde a la problemática desde diferentes ámbitos y a partir del cual se han identificado y ubicado las investigaciones.

Después de la agresión a Natalia Ponce de León, la Fiscalía decidió priorizar los casos de amenazas relacionadas con las agresiones con ácidos o sustancias similares. El grupo élite de la Policía Judicial que se creó está prestando apoyo investigativo en los despachos fiscales que adelantan dichas amenazas. Adicionalmente se han hecho acompañamiento permanente a algunas víctimas amenazadas con agredirlas con ácido, casos en los cuales se ha articulado con la Policía Nacional su protección y se les ha ayudado a instaurar la denuncia respectiva.

La presión mediática, y especialmente el horror de estos casos, también llevaron a la Fiscalía y al Instituto Nacional de Medicina Legal a establecer un mecanismo de atención prioritario a las víctimas lesionadas por ataques ocasionados con ácido o sustancias similares, en relación con la valoración física y psicológica. Lo que se busca con esa medida es lograr una rápida atención y obtención pronta de los resultados, con el fin de que los dictámenes obren oportunamente en el expediente judicial.

En la investigación que ella misma ha emprendido sobre el tema, Natalia ha tenido acceso a esos documentos y decisiones. Y aunque los avances la sorprenden, no se explica por qué después del suyo se han seguido presentando ataques con ácido en todo el país sin que pase nada.

De hecho, aunque el interés de frenar y penalizar ejemplarmente estas conductas parecía crecer, tuvieron que pasar diez meses y varios ataques más, incluido el de Natalia Ponce de León, para que el Gobierno reglamentara la Ley 1639 del 2013 y entrara a regular la venta de agentes químicos, ahora, armas letales.[25]

---

25 En: http://www.minsalud.gov.co/Normatividad_Nuevo/Decreto%201033%-20%20de%202014.pdf

El 30 de mayo del 2014, en una visita a las instalaciones del Hospital Simón Bolívar, el presidente Juan Manuel Santos firmó el decreto 1033 y creó un registro público para controlar la comercialización de ácido al menudeo, vía usada por la mayoría de los agresores. El acto ameritó una convocatoria a medios de comunicación y un boletín informativo de la Presidencia de La República destacando la medida:

> *El Presidente de la República, Juan Manuel Santos, firmó hoy el decreto que establece los procedimientos para ayudar a las personas atacadas con ácido, señala controles sobre esas sustancias químicas y dispone mecanismos para que los responsables de las agresiones no queden impunes.*
>
> *El Jefe de Estado explicó que mediante ese decreto (reglamenta la Ley 1639 de 2013) se regula la venta de agentes químicos en el comercio, entre otros aspectos.*
>
> *Igualmente, el Gobierno por medio del Invima «va a crear un registro para la venta al menudeo de estos ácidos, sobre todo de los más comunes», señaló el Jefe de Estado durante su visita al Hospital Simón Bolívar, especializado en atención a personas quemadas.*
>
> *Así mismo, indicó que «se establece una ruta de atención a las víctimas, que incluye los primeros auxilios, la protección a la víctima, a su familia, mecanismos para que se haga justicia, mecanismo para que los agresores efectivamente vayan a la cárcel y no queden esos crímenes impunes».*

> *Las víctimas tendrán apoyo para su ocupación laboral, dispondrán de tratamiento médico y sicológico, indicó el Jefe de Estado durante su visita al Hospital Simón Bolívar, especializado en atención a personas quemadas.*
>
> *«Estos ataques con ácido son un crimen inaceptable», puntualizó el Presidente de la República.*

Un par de meses después, Julia Gutiérrez de Piñeres se acercó a un almacén de grandes superficies y comprobó que podía adquirir la misma cantidad de ácido que el que le quemó el rostro a su hija sin que nadie le hiciera preguntas o le exigiera algo diferente a la cancelación previa en la caja de 15 mil pesos.

Ante la imposibilidad de frenar estos ataques, el Congreso busca tipificar un nuevo delito en el ordenamiento penal colombiano: lesiones con agentes químicos, ácidos y/o sustancias similares. Además, se busca aumentar de nuevo las sanciones para las personas responsables por este tipo de ataques. El Proyecto de Ley prevé una pena de prisión de 150 meses (doce años y cinco meses) a 240 meses (veinte años). Además, una multa de 120 a 250 salarios mínimos legales mensuales vigentes. Y habrá un aumento considerable del castigo cuando el victimario genere deformación y afectación parcial o total, desde el punto de vista funcional o anatómico en la víctima. Si eso sucede, se aumenta la pena de 251 meses (veinte años y nueve meses) a 360 meses (treinta años) de prisión y multa de mil a 3 mil salarios mínimos legales mensuales vigentes.

Y hay dos circunstancias adicionales que aumentarían las sanciones. Se elevaría de una tercera parte a la mitad, si la lesión con ácido se causa en parte del rostro o del cuello de la víctima, o si ella es una mujer o un menor de edad. Y en caso de que la víctima muera, la pena irá entre los cuatrocientos meses (33 años y tres meses) a los seiscientos meses (cincuenta años) de prisión.

Finalmente, el proyecto de ley, cuyo ponente es el representante Óscar Hernán Sánchez León, estipula que si el victimario acepta cargos antes del juicio, tan solo recibirá una rebaja de la tercera parte de la pena y no de la mitad como pasa con otros delitos.

Para tales efectos hace trámite el Proyecto de Ley 016 de 2014 de la Cámara de Representantes, «por medio del cual se crea el artículo 118A, se modifica el artículo 104 de la Ley 599 de 2000 y se modifica el artículo 351 de la Ley 906 de 2004». Esta iniciativa parlamentaria fue presentada por los representantes Ana Paola Agudelo García, Carlos Eduardo Guevara Villabón y Guillermina Bravo Montaño.

¿Qué debe hacer en caso de ser víctima de un ataque con ácido?

1. Intente retirar el agente químico aplicando agua fría corrida, durante mínimo treinta minutos. Evite usar chorros, estos hacen que el químico penetre en el cuerpo. También evite el uso de ungüentos, aceites y otros componentes, que pueden agravar la situación.

2. Durante el lavado, intente aislar la parte afectada del resto de su cuerpo para que el elemento químico no se disperse por las áreas sanas. Es vital no utilizar las manos en esta limpieza, para evitar más quemaduras y lesiones, tanto de la víctima como de la persona que auxilia.

3. Si la ropa de la víctima tiene ácido, póngase guantes y retírela rápidamente.

4. Mientras se lava el área afectada sin parar, pida ayuda y traslado médico inmediato.

5. Si sus ojos salieron afectados, lávelos con agua abundante hasta que llegue el equipo médico.

6. En el hospital se activa un código rojo, lo que quiere decir que estas quemaduras son prioridad y requieren atención instantánea. No olvide que el ácido es un corrosivo que destruye severamente los tejidos, de manera proporcional al tiempo de contacto y la cantidad de sustancia utilizada.

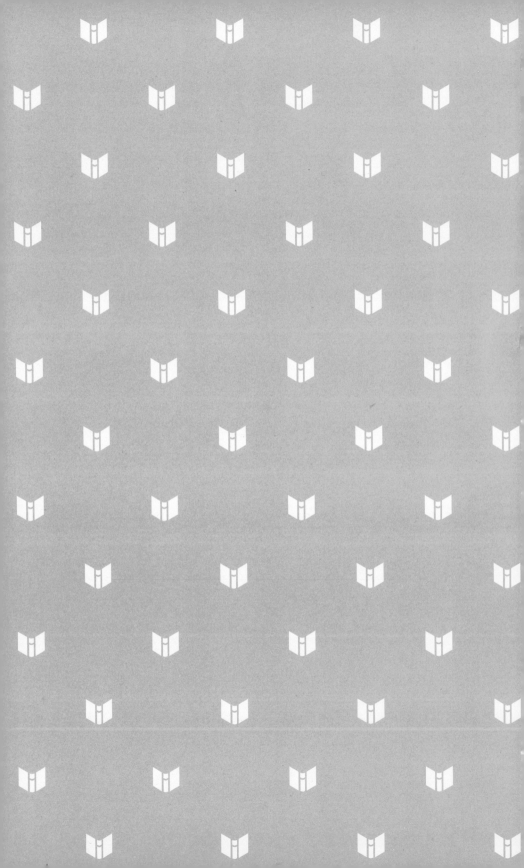